Heinrich Harrer
Tibet

Zeitdokumente aus
den Jahren 1944–1951

Heinrich Harrer
Tibet

Zeitdokumente aus den Jahren 1944–1951

OFFIZIN

Katalog der Ausstellungen
im Liechtensteinischen Landesmuseum, Vaduz,
und im Völkerkundemuseum der Universität Zürich

Impressum

Redaktion:
H. P. Gassner, Konzept
Norbert Jansen, Text
Christine Stehrenberger, Interviews und Legenden

Gestaltung und Produktion:
H. P. Gassner, Vaduz

Lithos:
Franz Horisberger AG, Niederglatt

Satz und Druck:
BuchsDruck, Buchdruckerei Buchs AG, Buchs

Einband:
Buchbinderei Burkhardt, Mönchaltorf

Printed in Switzerland

ISBN 3-907495-17-9

Heinrich Harrers Jahre in Tibet

In Bruck a. d. Mur und in Graz aufgewachsen, hat der junge Heinrich Harrer schon früh seine Liebe zu den Bergen entdeckt und ist ein begeisterter Bergsteiger und Skiläufer geworden. Als Student der Universität Graz verschlingt er sämtliche Literatur über Alpinistik und Reisen, deren er in der öffentlichen Bibliothek habhaft werden kann. So kristallisiert sich mit der Zeit sein grösster Traum heraus: bei einer Himalaja-Expedition dabei zu sein. Dazu muss er allerdings erst auf seine Fähigkeiten als Alpinist aufmerksam machen. Das ist nicht so einfach. In Europa sind alle Gipfel bestiegen; einzig die Eigernordwand ist noch nie durchklettert worden. An ihr will er sein Können beweisen. Am 24. August 1938 gelingt ihm zusammen mit seinem Landsmann Fritz Kasparek und den beiden Deutschen Anderl Heckmaier und Wiggerl Vörg die Erstbesteigung. Ein Jahr später wird der Traum, um dessentwillen er dieses Risiko gewagt hat, wahr: Peter Aufschnaiter, der Leiter einer deutschen Expedition auf den Nanga Parbat, fordert Heinrich Harrer zur Teilnahme auf; zur Gruppe gehören ferner Lutz Chicken und Hans Lobenhoffer.

Ende August 1939 kehren die Expeditionsteilnehmer aus dem Himalaja nach Karachi zurück; sie haben ihre Aufgabe erfüllt und eine neue Aufstiegsroute auf den Nanga Parbat gefunden. Nun aber gerät die Rückreise wegen des drohenden Krieges ins Stocken. Nach vergeblichem Warten auf das Schiff wollen sich Harrer, Chicken und Lobenhoffer über Persien nach Europa durchschlagen. Sie werden aber aufgegriffen, nach Karachi zurückgebracht und nach der Kriegserklärung Englands an Deutschland in Ahmednagar bei Bombay interniert.

Vorbereitungen zur Flucht

Kaum im Lager, schmiedet Harrer Fluchtpläne, beschafft sich einen Kompass, Karten und Geld; sein Ziel sind die neutralen portugiesischen Kolonien. Ein gemeinsamer Fluchtversuch mit Lobenhoffer während der Überführung der Gefangenen ins Lager Deolali schlägt fehl.

Von Deolali werden die Gefangenen ins Lager Dehra Dun am Fusse des Himalaja verbracht. Der ursprüngliche Plan, durch die indische Ebene in eine portugiesische Provinz zu entkommen, hat sich damit zerschlagen; Harrer beschliesst, nach Tibet zu fliehen, um von dort aus die japanischen Linien in Burma oder China zu erreichen. Eine intensive Vorbereitung beginnt: Er lernt Hindostani, Tibetisch und Japanisch, liest aus der Lagerbibliothek alle Reisebücher über Asien, kopiert aus Aufschnaiters Expeditionsunterlagen die Karten, treibt Konditionstraining, besorgt Kompass, Uhr, Schuhe, Kraftnahrung und ein kleines Bergsteigerzelt. Seine grösste Sorge ist das knappe Geld. Da erfährt er, dass der im gleichen

Lager inhaftierte italienische General Marchese ebenfalls Fluchtpläne hegt. Die beiden tun sich zusammen, und nachdem Marchese einen Generalssold bezieht, ist auch die finanzielle Frage geregelt.

Im Mai 1943 fliehen Harrer und Marchese bei Nacht aus dem Lager. Um einer Entdeckung zu entgehen, marschieren die beiden bei Dunkelheit und verstecken sich tagsüber. Nach zwölf entbehrungsreichen Tagen erreichen sie die Pilgerstrasse am Ganges und folgen ihr flussaufwärts. Harrer hat sich seine Haare schwarz und die Gesichtshaut dunkel gefärbt; die beiden wollen sich als indische Pilger ausgeben. Tatsächlich erweckt ihre Verkleidung keinen Argwohn; es gelingt ihnen, sich in den Läden entlang der Pilgerstrasse mit Nahrungsmitteln einzudecken. So erreichen sie die Tempelstadt Uttar Kaschi.

Die körperliche Verfassung Marcheses wird immer schlechter. Er ist nicht mehr in der Lage, die ganze Nacht zu marschieren. Eines Morgens, als die beiden in der Dämmerung einen Wasserlauf durchqueren, rutscht er aus; völlig durchnässt und erschöpft, weigert er sich, bis zu einem sicheren Waldversteck weiterzugehen, breitet seine Sachen am Ufer zum Trocknen aus und entfacht ein Feuer. So werden sie von Indern aufgegriffen. Ihre Aussage, sie seien Pilger aus Kaschmir, fällt in sich zusammen, als sie mit einem Forstbeamten aus Kaschmir konfrontiert werden, der zufällig in der Gegend weilt, um Überschwemmungsschäden zu inspizieren. Sie werden in das Haus des Forstbeamten gebracht und dort gefangengehalten. Marchese, gesundheitlich angeschlagen, gibt seine Fluchtpläne auf und überlässt seinem Gefährten einen Teil seines Geldes. Harrer entweicht bei Nacht, doch auch dieser Fluchtversuch endet zwei Tage später mit einer Festnahme: Weil er sich verlaufen und damit Zeit verloren hat, haben ihn seine Verfolger überholt. Sie erwarten ihn bereits im Grenzdorf Nelang und bringen ihn zurück zum Quartier des Forstbeamten.

Die Flucht ist zu Ende, aber Harrer beginnt bereits, eine neue zu planen. In den Tagen bis zur Rückschaffung ins Lager freundet er sich mit einem Inder der Bewachungsmannschaft an und übergibt ihm Landkarten, Kompass und Geld zur Aufbewahrung.

Der zweite Versuch gelingt

Zurück im Lager, wird Harrer für seinen Fluchtversuch mit 28 Tagen Einzelhaft bestraft; kaum hat er sie verbüsst, beginnt er seine neue Flucht vorzubereiten. Das Grenzdorf Nelang, das nur im Sommer von tibetischen Händlern bewohnt ist, im Winter aber leersteht, will er diesmal früher passieren. Auch andere Lagerinsassen hegen Fluchtpläne. Um zu vermeiden, dass die Überwachungsmassnahmen durch Einzelfluchten verstärkt werden, entschliessen sich sieben Männer zu einer gemeinsamen Aktion. Am 29. April 1944 marschiert die Gruppe, als indischer Stacheldraht-

Reparaturtrupp verkleidet, durch das Haupttor an den Wachen vorbei in die Freiheit. Ausserhalb des Lagers trennen sie sich. Harrer folgt wie bei seiner ersten Flucht dem Lauf des Dschamna und des Aglar, erreicht bereits nach fünf Tagen den Ganges und wenig später das Haus seines indischen Freundes. Dieser hat seine Sachen, säuberlich in Baumwollsäckchen eingenäht, in einer Truhe verwahrt. Am zehnten Tag der Flucht erreicht er Nelang, wo er zu seiner Überraschung auf seine Fluchtgefährten Aufschnaiter, Treipel, Kopp und Sattler trifft, die ebenfalls die Route über Tibet gewählt haben. Gemeinsam erreichen sie am 17. Mai die Passhöhe des Tsangtschokla und überschreiten unbehelligt die Grenze nach Tibet.

In Kasapuling, dem ersten tibetischen Dorf, gelingt es ihnen, von den misstrauischen Bewohnern gegen viel Geld einen alten Ziegenbock zu kaufen, den sie schlachten und verzehren. Auf ihrem Weitermarsch begegnen ihnen zwei bewaffnete Männer zu Pferd, die sie unmissverständlich auffordern, auf demselben Weg und unverzüglich nach Indien zurückzukehren. Die Flüchtlinge schenken ihnen keine Beachtung, schieben sie beiseite und setzen ihren Weg fort. Ihr Ziel ist Tsaparang, der Sitz des Bezirksgouverneurs, von dem sie sich eine Aufenthalts- und Reiseerlaubnis geben lassen wollen. Dort angekommen, ist allerdings die Überraschung gross, als sie feststellen müssen, dass es sich bei einem der beiden Reiter um den Bezirksgouverneur gehandelt hat. Sie versuchen ihm klarzumachen, dass Tibet als neutraler Staat ihnen Asyl gewähren müsse, doch er verlangt erneut ihre Rückkehr. Schliesslich willigt er ein, die Entscheidung dem nächsthöheren Beamten in Thuling zu überlassen. Aber auch dort haben die vier kein Glück. Sie erhalten Nahrung sowie vier Esel als Tragtiere und müssen sich verpflichten, statt nach Osten nach Shangtse an der indischen Grenze zu gehen. Von dort überqueren sie in Begleitung eines Soldaten den Shipkipass nach Indien. Am 9. Juni erreichen sie die Grenze; für 80 Rupien erwirbt Harrer vom Treiber einen der Esel, der ihm bei seinen weiteren Fluchtplänen gute Dienste leisten soll.

Auf heimlichen Wegen zurück nach Tibet

Er will zusammen mit Hans Kopp die erste Gelegenheit nutzen, nach Tibet zurückzukehren. Vorerst aber machen alle vier im ersten indischen Dorf, in Namgya, Station. Sie geben sich als reisende amerikanische Soldaten aus, kaufen frische Vorräte und schlafen im öffentlichen Rasthaus. Dann trennen sich ihre Wege. Harrer und Kopp treiben ihren Esel durch ein Seitental in nördliche Richtung, Tibet entgegen. Sie wollen nach Gartok, der Hauptstadt Westtibets, wo sie ihr Asylgesuch dem Gouverneur vorlegen möchten. Unterwegs treffen sie wieder mit Aufschnaiter zusammen, und sie reisen zu dritt weiter. Sie marschieren nun nicht mehr bei Nacht, sondern schliessen sich immer wieder Karawanen an, die Waren von der indischen Provinz Ladakh nach Tibet bringen.

Gartok ist der Sommersitz des Garpön, des Vizekönigs. Diesem tragen die drei nun ihr Anliegen vor. Der Empfang ist freundlich, die Bewirtung reichlich. Bei einem zweiten Gespräch teilt ihnen der Garpön mit, er sei bereit, ihnen Pässe bis zur Grenze von Nepal auszustellen, verbietet ihnen aber, nach Lhasa zu gehen. Ausserdem verspricht er, an die Zentralregierung in Lhasa zu schreiben. Sie verbringen drei Tage als Gast des Vizekönigs in Gartok, dann erhalten sie ihren Pass; er schreibt die Reiseroute vor und enthält die Bestimmung, dass die Gruppe Anspruch auf zwei Jaks habe und dass die Bevölkerung verpflichtet sei, ihnen Nahrungsmittel zu ortsüblichen Preisen zu verkaufen. Auch Brennmaterial und ein Herddiener für den Abend sollen frei zur Verfügung stehen.

Nun folgen wieder lange Wochen der Wanderschaft; sie finden Unterkunft in Tasamhäusern, wo sie ihre Jaks wechseln. Die bisherigen Strapazen haben Spuren hinterlassen: Seit drei Monaten schlafen sie zumeist im Freien, leben wie die Nomaden und sehen äusserlich heruntergekommen aus. Trotzdem sind sie geistig wach, registrieren Beobachtungen über Land und Lebensart und begeistern sich für die Landschaft eines Gebiets, in das vor ihnen nur wenige Europäer gekommen sind. Gegenseitig helfen sie sich über Depressionen hinweg.

Die Reise führt am heiligen Berg Kailas vorbei ins Ursprungsgebiet des Brahmaputra, der tibetisch Tsangpo heisst. Schliesslich kommen sie nach Gyabnak, dem Endziel der im Pass festgelegten Reiseroute. Die Entscheidung, wie es weitergehen soll, wird ihnen abgenommen. Am dritten Tag ihres Aufenthalts kommt ein atemloser Bote und fordert sie auf, so schnell wie möglich nach Tradün zu kommen, wo zwei hohe Beamte aus Lhasa sie zu sprechen wünschen.

Schon von weitem erblicken sie tags darauf die goldenen Türmchen und Dächer des Klosters von Tradün. Die Einwohner erwarten sie schweigend. Sie werden in ein Haus geführt, das für sie vorbereitet ist, und von dort zum Haus der Bönpos, der hohen Beamten, die sich auf einer Steuererhebungsreise befinden. Diese verlangen den Pass zu sehen und haben ihre Zweifel, ob es sich bei den drei Männern um Deutsche handelt; eher vermuten sie in ihnen Russen oder Engländer. Harrer, Aufschaiter und Kopp müssen im Hof ihr ganzes Gepäck auslegen, um zu beweisen, dass sie keine Waffen oder Funkgeräte bei sich haben. Dass in ihrem Pass Nepal als Reiseziel angegeben ist, kommt den Beamten gelegen. Sie bieten ihre Hilfe für die Weiterreise an, denn die nepalesische Grenze ist nur zwei Tagesreisen entfernt. Das aber entspricht nicht den Vorstellungen der drei; sie pochen wie schon in Gartok auf die Neutralitätsbestimmungen und bitten um Asyl. Nach langen Gesprächen willigen die Beamten ein, einen Brief nach Lhasa zu schreiben; beigelegt wird ein in englischer Sprache abgefasstes Gesuch der drei Deutschen. Der Brief wird feierlich versiegelt und durch einen Boten in die Hauptstadt geschickt. Bis zum Eintreffen der Antwort dürfen sie in Tradün bleiben, in einem Haus und reichlich mit Nahrungsmitteln eingedeckt.

Das Warten wird zur Geduldsprobe

August und September vergehen; sie vertreiben sich die Zeit mit Wanderungen in die Berge der Umgebung und nehmen an religiösen Festen der Bevölkerung teil. Nach drei Monaten aber werden sie ungeduldig. Kopp entschliesst sich, nun doch nach Nepal zu gehen und nimmt Abschied; ein Absetzversuch Aufschnaiters scheitert, weil die vier Schafe, die er als Lasttiere gekauft hat, schon in der ersten Nacht von Wölfen gerissen werden. So beginnt für Harrer und Aufschnaiter der Winter in Tradün.

Sie sind aber entschlossen, fortzukommen – mit oder ohne Brief aus Lhasa – und beginnen Proviant zu horten. Mitten in ihren Vorbereitungen lässt sie der Abt wissen, die Antwort sei eingetroffen, man verwehre ihnen die Reise ins Innere Tibets. Stattdessen sollen sie weiter nach Kyirong, acht Meilen von der nepalesischen Grenze entfernt, ziehen und von dort ins sieben Tagesmärsche entfernte Katmandu. Für Diener und Transporttiere sei gesorgt.

Am 17. Dezember 1944 verlassen sie Tradün. Sie sind beritten und von zwei Dienern begleitet, von denen einer den Brief an den Distriktsbeamten von Kyirong auf sich trägt. Nach einer Woche erreichen sie Dzongka, wo sie heftige Schneefälle fast einen Monat festhalten. Sie sprechen bereits gut tibetisch, freunden sich mit den dort wohnenden adeligen Beamten an und führen mit ihnen lange Diskussionen. Am 19. Januar 1945 sind die Strassen soweit begehbar, dass sie zusammen mit einer grossen Jakkarawane weiterziehen. Eine Woche später sind sie in Kyirong.

Sie sind die ersten Europäer, die hierher kommen, und die Bevölkerung verfolgt ihre Ankunft mit Staunen. Sie werden im Haus eines Grossbauern einquartiert und besuchen gleich zu Beginn ihres Aufenthalts die Distriktsverwalter. Sie haben in der Zwischenzeit erfahren, dass ihr früherer Gefährte Kopp nach kurzem Aufenthalt in Katmandu nach Indien ins Lager abgeschoben worden ist. Diesem Schicksal wollen Harrer und Aufschnaiter entgehen; von den Bönpos erreichen sie die Zusage, bis auf weiteres in Kyirong bleiben zu dürfen.

Ihr Aufenthalt dauert fast neun Monate. Langeweile gibt es nicht: Sie notieren in ihren Tagebüchern Beobachtungen über Sitten und Gebräuche, machen Ausflüge und beteiligen sich am Leben und an der Arbeit der Bevölkerung. Ihre Hauptnahrung ist

Tsampa, ein aus Butter und Gerstenmehl zubereiteter Brei, sowie Buttertee. Da Kyirong ein besonders heiliger Ort ist, werden hier keine Tiere geschlachtet; Fleisch kommt nur auf den Tisch, wenn es von auswärts gekommen ist oder wenn Bären und Panther von einem gerissenen Tier etwas übrig gelassen haben.

Mitte Februar erleben sie zum ersten Mal ein Neujahrsfest in Tibet; die Hausfirste werden mit Gebetsfahnen geschmückt, in den Tempeln bringt die Bevölkerung Butteropfer dar, und vor die Statuen der Götter werden als Zeichen der Verehrung weisse Seidenschleifen gelegt. Das Fest dauert sieben Tage; es wird nicht nur gebetet, sondern auch getanzt und gesungen, gegessen und getrunken. In jedem Haus wird ein Festschmaus gegeben, zu dem auch Harrer und Aufschnaiter eingeladen werden.

Durch ihre Nähe zur nepalesischen Grenze ist Kyirong eine sehr belebte Stadt. Im Sommer kommen täglich Karawanen aus Nepal, bringen Reis und tauschen ihn gegen Salz ein, das aus den abflusslosen Seen der Hochebene des Changthang gewonnen wird.

Im Sommer erhalten Harrer und Aufschnaiter eine Vorladung der Bönpos; sie werden aufgefordert, ihren Aufenthalt zeitlich zu begrenzen und versprechen, im Herbst abzureisen.

Flucht aus Kyirong

Die nächsten Monate nutzen sie zur Vorbereitung. Der Krieg ist zu Ende und ihr Ziel, die japanischen Linien zu erreichen, gegenstandslos geworden. Nun planen sie, heimlich durch die nördliche Ebene Tibets nach China zu gelangen. Sie beginnen mit der systematischen Erforschung der umliegenden Täler, um einen Übergang zum tibetischen Plateau zu finden, der nicht über Dzongka führt. Als Ergebnis bringen sie reiches Karten- und Skizzenmaterial nach Hause, einen Fluchtweg finden sie nicht. Inzwischen ist es Herbst geworden, und schwere Schneefälle künden einen frühen Winter an. Am Weg nach Dzongka errichten sie ein Depot mit Tsampa, Butter, getrocknetem Fleisch, Rohzucker und Knoblauch. Aus einem Buchdeckel, Papier und einer Zigarettendose fertigt Harrer eine Butterlampe, die ihnen bei ihren Nachtmärschen leuchten soll. Um ihr Geld zu vermehren, verleihen sie es gegen die ortsübliche Verzinsung von 33 Prozent an einen Händler. Ihre Vorbereitungen bleiben nicht unbemerkt; es ist den Bönpos klar, dass sie eine Flucht planen, denn eine Ausreise nach Nepal hätte keine Heimlichkeiten erfordert. Bald werden die beiden auf Schritt und Tritt von Aufpassern verfolgt. Aus taktischen Gründen bricht Aufschnaiter als erster auf; einen Ausflug vortäuschend, verlässt er am 6. November 1945 das Dorf, zusammen mit dem kleinen Hund, den Harrer von einem Adeligen geschenkt bekommen hat. Harrer versucht in der Zwischenzeit, das Geld zurückzuerhalten, doch erhält er nur einen Teil davon. Im Dorf ist man misstrauisch geworden, man will ihm den Rest erst nach der Rückkehr Aufschnaiters aushändigen. Aufschnaiter aber bleibt verschwunden. Am Abend des 8. November greift Harrer zu einer List: Er täuscht einen Tobsuchtsanfall vor und beginnt vor den Augen seiner Aufpasser zu packen. Er schlägt all ihre Bitten, bis zum nächsten Morgen zu warten, in den Wind und entfernt sich, um allfällige Verfolger zu täuschen, mit zorniger Miene in Richtung nepalesischer Grenze. Dann schlägt er einen weiten Bogen um das Dorf und erreicht noch in derselben Nacht den rund zwanzig Kilometer entfernten Treffpunkt, wo er von Aufschnaiter erwartet wird.

Den ersten Tag nach der Flucht verbringen die beiden in einem Waldversteck, und in der nächsten Nacht marschieren sie talaufwärts, weit über die Waldgrenze hinaus. Sie kommen gut voran, vermeiden jede Begegnung und schleichen behutsam an rastenden Karawanen und Tasamhäusern vorbei. So erreichen sie Dzongka, wo sie sich nach Osten wenden. In einem strapaziösen Fussmarsch überqueren sie, jeder vierzig Kilogramm Gepäck auf seinem Rücken, den über 5000 Meter hohen Tshakhyungla-Pass und gelangen zum Pelgu-Tso-See. Das Plateau ist umringt von Achttausendern des Himalaja-Massivs. Die beiden sind vom Anblick derart überwältigt, dass sie bei 22 Grad Kälte ihre Skizzenbücher hervorkramen, um die Landschaft mit dem Bleistift festzuhalten.

Einen Tag später gelangen sie nach Trakschen und wagen sich erstmals wieder unter Menschen. Ihr Proviant ist aufgebraucht, sie müssen dringend Nahrungsmittel kaufen. Wie früher geben sie sich als Inder aus. Niemand argwöhnt, und man verkauft ihnen neben Proviant auch zwei Schafspelze gegen die Kälte und nach langem Feilschen sogar ein Jak als Tragtier.

Nun führt sie der Weg in die Nähe des Mount Everest; es gelingt ihnen nicht mehr ohne weiteres, sich als Inder auszugeben, denn hier hat man schon Europäer als Teilnehmer von Mount-Everest-Expeditionen gesehen. Über den Körala-Pass erreichen sie schliesslich den Tsangpo, überqueren ihn und kommen nach Tchung Riwotche, einem berühmten Kloster. Hier treffen sie auf einen Tibeter, der zweiundzwanzig Jahre in einer christlichen Mission in Indien gelebt hat und nun, vom Heimweh getrieben, durch den tibetischen Winter nach Hause wandert. Von ihm erfahren sie erstmals Einzelheiten über das Ende des Zweiten Weltkriegs, und in englischen Illustrierten, die er im Gepäck mitführt, sehen sie Bilder der zerbombten Städte.

Ihr Weg zweigt nun vom Tsangpo ab und führt sie über einen weiteren Pass in die Stadt Sangsang Gewu; sie liegt an der Karawanenstrasse von Gartok nach Lhasa, von der sie vor Jahresfrist abgezweigt sind, um nach Kyirong zu kommen. Lhasa ist wieder in greifbarer Nähe und die Versuchung gross, die Stadt auf direktem Weg anzusteuern, zumal das Geld zur Neige geht und keinesfalls bis zur chinesischen Grenze reicht, die immer noch einige tausend

Kilometer entfernt ist. Harrer und Aufschnaiter beratschlagen lange. Schliesslich scheint ihnen der direkte Weg doch zu gefährlich, und sie entschliessen sich, in weitem Bogen durch die nördlichen Ebenen, das Changthang, zu marschieren. Aus Büchern wissen sie, dass diese Gegend nur von Nomaden bewohnt ist. Ausserdem gibt ihnen diese Route die Möglichkeit, sich der verbotenen Stadt Lhasa aus nordwestlicher Richtung zu nähern, aus der man keine Fremden vermutet.

Strapazen ohne Ende

Am 2. Dezember 1945 marschieren sie weiter, ihr Gepäck trägt ein Jak, den sie vor der Abreise mit der Hilfe von Sherpas gekauft haben. Hätten sie geahnt, was ihnen bevorsteht, wären sie umgekehrt. So aber erreichen sie auf 5400 Metern ein neues, weites Hochplateau. Es ist mit Schnee bedeckt, und über die Ebene fegt ein eisiger Wind. Das Gehen in ihrem unzulänglichen Schuhwerk bereitet Mühe, der Jak und sie selbst brechen immer wieder im tiefen Schnee ein, sie waten durch eiskalte, unter dem Schnee verborgene Wasserläufe. Schuhe und Hosenbeine sind steinhart gefroren, an den Füssen zeigen sich erste Erfrierungserscheinungen, und nur durch stundenlanges Massieren gelingt es, die Blutzirkulation wieder anzuregen. Endlich, nachdem sie schon ernsthaft die Umkehr erwogen haben, erblicken sie von einer Passhöhe aus schneefreies Land.

Bald treffen sie auch auf die ersten Nomaden; sie werden reichlich bewirtet und erhalten für die Nacht einen Platz am wärmenden Feuer im Zelt der Familie. Während sie auf dem verschneiten Hochplateau pro Tag nur wenige Kilometer vorangekommen sind, schaffen sie nun Tagesmärsche von zwanzig bis dreissig Kilometer, je nachdem, ob sie auf Nomaden treffen. Oft genug müssen sie allerdings bei eisiger Kälte im Freien kampieren. Das Suchen von Jakmist für das Feuer, das Wasserholen und die Zubereitung der Mahlzeit kostet oft die letzte Energie. Den Hund zu ihren Füssen, liegen sie eng aneinandergepresst in Decken eingewickelt, um nicht zu erfrieren. Durch die Wärme werden aber die Läuse lebendig, die sich an ihrem Körper eingenistet haben und sich von ihrem Blut nähren. Es ist unmöglich, sich ihrer zu entledigen, weil bei der herrschenden Kälte nicht daran zu denken ist, die Kleider auszuziehen. Am meisten leiden sie an den Händen; sie sind immer steif gefroren, denn sie besitzen keine Handschuhe. Während des Tages schützen sie sie zwar notdürftig durch übergezogene Socken, die sie aber für jede Verrichtung ausziehen müssen.

Nach elf Tagen erreichen sie Labrang Trowa, eine Siedlung, die nur aus dem Haus eines Bönpo besteht. Der Beamte ist gerade nicht anwesend und wird von dessen Bruder vertreten. Harrer und Aufschnaiter bringen ein weiteres Mal ihre Geschichte von der

Pilgerfahrt an und erwähnen sogar, ihr Ziel sei Lhasa. Der Mann schüttelt den Kopf und versucht ihnen klar zu machen, der direkte und schnellste Weg führe über Shigatse. Harrer aber antwortet ihm, sie möchten bewusst einen beschwerlicheren Weg wählen, um so das Opfer ihrer Pilgerfahrt grösser zu machen. Der Mann ist beeindruckt und gibt gerne gute Ratschläge.

Es kommen zwei Routen in Frage: Die eine ist beschwerlich und führt über viele Pässe und durch unbesiedeltes Gebiet, die andere ist leichter, durchquert aber das Gebiet der räuberischen Khampas. Dafür entscheiden sie sich, trotz der Warnung des Mannes.

Zunächst geht alles gut; nach Einbruch der Dunkelheit treffen sie wieder auf ein Nomadenzelt und werden freundlich hereingebeten. Nun erfahren sie Genaueres über die Khampas: Sie leben in Gruppen, ziehen schwer bewaffnet von einem Nomadenzelt zum andern, lassen sich reichlich bewirten, stehlen ein oder zwei Stück Vieh und verschwinden wieder. Vor ihrem räuberischen Tun sind nicht einmal Mönche und Pilger sicher. Die Nomaden haben sich in ihr Schicksal ergeben, und die Regierung ist in diesem abgelegenen Gebiet machtlos.

Von Khampas bedroht

Tags darauf erfahren Harrer und Aufschnaiter die Gefahr am eigenen Leibe. Sie fühlen sich ständig von einem bewaffneten Mann beobachtet, der sich vor ihren Blicken immer wieder versteckt. Am Abend stossen sie auf Zelte: ein einzelnes und einige hundert Meter weiter eine Gruppe. Das erste ist von einer Nomadenfamilie bewohnt, die ihnen den Eintritt erschreckt verweigert und sie zur Gruppe der anderen Zelte weist. Dort finden sie freudige Aufnahme; man hilft ihnen beim Abladen und bittet sie ins Zelt. Kaum sitzen sie beim Feuer, stossen Männer, Frauen und Kinder aus den Nachbarzelten zur Runde. Sie sind sehr zudringlich, und Harrer und Aufschnaiter haben alle Mühe, ihr Gepäck zusammenzuhalten. Auch als man sich schlafen legt, bleiben sie auf der Hut und liegen die ganze Nacht wach. Unter den argwöhnischen Blicken der Khampas beladen sie am Morgen ihren Jak. Die Khampas raten ihnen eindringlich, die Südroute zu benutzen, da sie dort wieder auf Nomaden träfen. Nach dem Abmarsch merken sie, dass der Hund fehlt, der ihnen sonst schon nach wenigen Schritten nachgerannt kommt. Stattdessen werden sie von drei Männern eingeholt, die sich anerbieten, sie zu begleiten. Wegen des Hundes zur Rede gestellt, sagen sie, er sei im Zelt zurückgeblieben, und schlagen vor, Harrer oder Aufschnaiter solle zurückgehen, um ihn zu holen. Es ist klar: Die Khampas wollen die beiden offensichtlich trennen, weil sie nicht den Mut haben, beide miteinander anzugreifen. Ausserdem warten auf der so warm empfohlenen Südroute wahrscheinlich Kumpane. Energisch und entschlossen drehen die beiden um und kehren zum Lager zurück, wo eine Frau den Hund an einem Strick aus dem Zelt führt. Sie nehmen ihn in Empfang und setzen ihren Weg fort, allerdings in jener Richtung, aus der sie tags zuvor gekommen sind. Auch die drei Männer gehen weiter – nach Süden, wahrscheinlich, um ihre Helfer zu informieren.

Harrer und Aufschnaiter kommen nach einem Gewaltsmarsch wieder zum Zelt der freundlichen Nomaden, wo sie tags zuvor genächtigt haben. Von dort aus ändern sie die Route und beschliessen, nun doch den Weg durch die menschenleere Gegend zu wählen. Sie kaufen von den Nomaden Vorräte für eine Woche und nehmen den Aufstieg zur anderen Route in Angriff. Als sie aus halber Höhe zurückblicken, entdecken sie, dass sie schon wieder von Khampas verfolgt werden. Sie haben nur Steine und Zeltstöcke, um sich zu verteidigen, aber sie sind entschlossen, um ihr Leben zu kämpfen. Keuchend und mit hochroten Köpfen eilen sie dem Bergrücken zu, um von dort aus eine bessere Verteidigungsposition zu haben. Schliesslich drehen ihre Verfolger um. Als sie den Bergkamm erreichen, wird ihnen klar, warum: Vor ihnen liegt die einsamste Landschaft, die sie je erblickt haben; das Auf und Ab der Höhenzüge scheint sich bis in die Unendlichkeit fortzusetzen.

Im Schutz von Karawanen

Die unwirtliche Gegend ist ihre Rettung; dafür warten neue Strapazen. Obwohl es inzwischen Nacht geworden ist, wandern sie aus Angst vor Verfolgung weiter, bis sie um Mitternacht erschöpft eine Rast einlegen. Sie entladen den Jak, und da es aussichtslos ist, brennbares Material zu finden, kriechen sie unter die Decke. Trotz Hunger und Kälte fallen sie in bleiernen Schlaf. Am Morgen ziehen sie weiter, und es kommt ihnen wie eine Fata Morgana vor, als sie in der Ferne eine Jakkarawane erblicken. Es sind Nomaden, die von einer Pilger- und Handelsreise zum heiligen Berg Kailas in ihre Heimat am Namtsho-See zurückkehren. Auch sie haben aus Furcht vor den Khampas diese beschwerliche Route gewählt und bieten den beiden Fremden an, sich ihnen anzuschliessen.

Nomaden wandern gemächlich; sie brechen früh auf, gehen vier bis sechs Kilometer, zelten dann wieder und lassen ihre Jaks grasen. Für Harrer und Aufschnaiter ist dieses Tempo zu langsam; sie bleiben deshalb nur einige Tage bei der Karawane und nutzen die Gelegenheit, sich selbst und ihrem Jak eine Erholungspause zu gönnen und sich im Gespräch über den genauen Weg nach Lhasa zu erkundigen. Am 24. Dezember nehmen sie von ihren Gastgebern Abschied. Die nächste Nacht verbringen sie wiederum bei Nomaden, die ihnen raten, das Zelt eines Bönpo einige Meilen weiter südlich aufzusuchen und diesen um sicheres Geleit zu bitten, da das Gebiet vor ihnen ebenfalls von Khampas verseucht sei.

Der Bönpo empfängt sie freundlich. Harrer und Aufschnaiter geben sich offen als Europäer aus, erklären aber unverfroren, mit Erlaubnis der Regierung zu reisen. Als Beweis holen sie den Pass des Garpön von Gartok hervor. Das alte Papier mit dem Siegel hinterlässt grossen Eindruck, und die beiden erhalten für die Weiterreise Geleit. Ein Nomade bringt sie zum nächsten und geht selbst wieder zurück, der zweite wiederum geleitet sie zum dritten, und so setzen sie ihre Reise fort. Nach fünf Tagen erreichen sie die Tasamroute und sind noch fünfzehn Tagesmärsche von ihrem Ziel Lhasa entfernt. Sie sind aber von den Strapazen derart mitgenommen, dass sie darüber keine Freude empfinden können. Erfrorene Glieder, Geldsorgen und knapper Proviant machen ihnen zu schaffen, Hund und Jak sind bis auf die Knochen abgemagert. Zudem unterscheidet sich der erste Tag auf der vielgepriesenen Tasamstrasse in nichts von der schlimmsten Etappe durch das unbewohnte Gebiet: Sie treffen keine Menschenseele, und ein tobender Schneesturm macht das Weiterkommen zur Hölle. Am Abend – es ist der 31. Dezember 1945 – erreichen sie Nyatsang, wo sie vom Tasam-Bönpo freundlich aufgenommen werden und ein Zelt zugewiesen erhalten.

Der Zufall will es, dass am Tag darauf ein Bönpo mit seiner Karawane vorbeizieht. Er ist Kaufmann im Dienste der Regierung, und seine Jaks haben Rohzucker und Baumwollstoffe nach Lhasa geladen. Auch ihm macht der alte Pass aus Gartok Eindruck, und er lädt die beiden ein, mit seiner Karawane zu reisen. Sie legen täglich grosse Strecken zurück, schliesslich trennt sie nur noch eine letzte Bergkette, das Nyentchenthanglha-Gebirge, von Lhasa. Doch sie sind am Ende ihrer Kräfte; ihre Übermüdung macht sich von Tag zu Tag stärker bemerkbar. Allein für die Umgehung des Nam-Tso-Sees, eines der grossen abflusslosen Seen des Changthang, benötigen sie elf Tage. Endlich erreichen sie auf knapp 6000 Metern die Passhöhe Guring La.

Sie überschreiten den Kamm und sehen eine ganz neue Landschaft vor sich: Nach den sanften Hügeln des Changthang bricht nun das Gebirge in steilen und schroffen Schluchten ab. Unterwegs passieren sie heisse Quellen, die als Geiser aus dem Boden schiessen; sie bauen aus Steinen eine Bademulde und geniessen seit ihrer Abreise aus Kyirong vor rund zwei Monaten die erste Gelegenheit, sich zu waschen. Vier Tage nach dem Überschreiten der Passhöhe von Guring La erreichen sie am Abend die Tasamstation Samsar, eine der grössten Tibets. Fünf Routen treffen hier zusammen. Im Augenblick herrscht besonders reger Verkehr, und die Karawane des Bönpo ist gezwungen, einige Tage Rast einzulegen, bis frische Jaks bereit sind.

Es hat sich bald herumgesprochen, dass Europäer in der Tasamstation sind; immer wieder kommen Neugierige, um sie zu sehen. Unter ihnen ist auch ein junger Mönch, der einen Transport für das Kloster Drebung bei Lhasa führt; er bietet Harrer und Aufschnaiter an, sie mitzunehmen. Unter Dankesbezeugungen nehmen sie vom Bönpo Abschied, unter dessen Schutz sie mehrere Tage gereist sind, und ziehen mit der Karawane des Mönchs weiter. Einen Tag später, in Detchen, haben sie wieder Glück: Sie lernen einen jungen Leutnant kennen, der sie für eine weitere Etappe mitnimmt. Die letzte Nacht vor Lhasa verbringen sie in einem Bauernhaus in Nangtse, ständig geplagt von der Frage nach ihrer Zukunft. Sie haben Zweifel, ob sie sich in der Stadt überhaupt werden halten können. Ihr Geld ist bis auf wenige Rupien verbraucht, und ihr Äusseres wirkt alles andere als vertrauenerweckend.

Am Ziel

Dennoch brechen sie am 15. Januar 1946 zur letzten Etappe auf. Der Leutnant hat sie bereits verlassen; der Wirt stellt ihnen eine Kuh und einen Diener zur Verfügung, um ihr Gepäck zum nächsten Dorf zu transportieren. Unterwegs sehen sie zum ersten Mal die goldenen Dächer des Potala, des berühmten Wahrzeichens von Lhasa, in der Sonne leuchten. Seit Kyirong sind sie 70 Tage unterwegs und haben fast 1000 Kilometer zurückgelegt. In Shingdonka, dem letzten Dorf vor Lhasa, suchen die beiden unverfroren den Bönpo auf und erzählen ihm, sie seien die Vorhut eines bedeutenden Ausländers mit dem Auftrag, in Lhasa ein Quartier vorzubereiten. Der Bönpo fällt auf die List herein und überlässt ihnen einen Esel mit Treiber.

So erreichen sie Lhasa, passieren die Vororte, bewundern die Klöster, die sie aus der Literatur kennen, kommen an Verkaufsständen mit Leckereien vorbei, von denen sie seit Monaten nur geträumt haben, und sind immer wieder beeindruckt vom Anblick des Potala, ■ der Winterresidenz des Dalai Lama. Zusammen mit ihrem Treiber passieren sie ungehindert das Stadttor. Niemand hält sie an, um sie nach dem Pass zu fragen. Man nimmt als selbstverständlich an, dass sie einen haben; ohne Pass ist noch kein Fremder so weit vorgedrungen.

Nun geht es darum, Quartier zu finden. Bei den ersten Häusern werden sie schroff abgewiesen, denn es ist verboten, Fremde aufzunehmen. Sie irren durch die Gassen, bis sie zu einem Haus kommen, das grösser und vornehmer ist als die bisherigen. Ungefragt treten sie in den Hof und entladen den Esel. Die Diener sind verzweifelt und fürchten die Strafe ihres Bönpo. Doch Harrer und Aufschnaiter machen keine Anstalten, zu verschwinden. Mit ihren letzten anderthalb Rupien entlöhnen sie den Eseltreiber und lassen sich bei ihrem Gepäck nieder. Durch das aufgeregte Geschrei der Diener laufen immer mehr Leute zusammen. Als diese die geschwollenen, mit Blasen übersäten Füsse der Fremden sehen, regt sich allerdings Mitleid: Eine Frau reicht ihnen einen

Krug Buttertee, andere bringen Lebensmittel und Material zum Feuermachen. So findet sie der Hausherr, ein hoher Beamter, dem die Leitung des Elektrizitätswerkes untersteht. Harrer und Aufschnaiter erzählen ihm kurz ihr Schicksal, und er erwirkt noch am selben Abend beim Stadtmagistrat die Erlaubnis, die beiden in seinem Haus zu beherbergen. Bereits am anderen Mittag bringt ihnen Thangme, so heisst ihr Gastgeber, die Nachricht, das Aussenamt habe entschieden, sie nicht an die Engländer auszuliefern. Die Sache werde noch dem Regenten vorgelegt, der sich aber zur Meditation in Taglung Tra befinde. Bis zu seinem Entscheid dürften sie das Haus des Gastgebers nicht verlassen.

Die beiden werden zum Stadtgespräch von Lhasa, und Thangmes Haus bekommt täglich hohe Gäste; alle wollen die beiden Fremden sehen und sprechen, die im Winter durch das Changthan und über den Nyentchenthanglha gezogen sind. Als erster kommt der Sohn des Ministers Tsarong, ihm folgen der Bruder des Kabinettsministers Surkhang, Mönchsbeamte, Diplomaten und schliesslich der Chef der tibetischen Armee, Küngsangtse. Sie alle versprechen, sich für die beiden einzusetzen. In der Zwischenzeit trifft auch ein Kleiderpaket der Regierung ein, so dass sie sich endlich von ihren heruntergekommenen und verlausten Kleidern trennen können. Die Zeit zwischen den Besuchen nutzen sie, um ihre Aufzeichnungen zu vervollständigen; Harrer beginnt, sich mit der tibetischen Schrift auseinanderzusetzen.

Am achten Tag ihres Aufenthalts überbringen Diener überraschend eine Einladung ins Elternhaus des Dalai Lama. Im Gespräch mit der «heiligen Mutter» und mit dem Vater erfahren sie Näheres über die Herkunft des Gottkönigs. Sie haben als einfache Bauern in Amdo, in der chinesischen, aber von Tibetern bewohnten Provinz Tshinghai gewohnt, bevor ihr jüngster Sohn als 14. Inkarnation Tchenresis erkannt worden ist. Tchenresi, der Gott der Gnade, ist einer der mehr als tausend lebenden Buddhas und Landespatron Tibets. Nun leben die Eltern in einem Palast in Lhasa und besitzen weite Ländereien. Beim Gespräch ist auch der vierzehnjährige Bruder des Dalai Lama, Lobsang Samten, zugegen. Sein junger Gottbruder habe ihn gebeten, ihn über alle Details zu unterrichten. Auf dessen persönlichen Wunsch werden Harrer und Aufschnaiter beim Abschied mit Geschenken überhäuft: Mehl, Tsampa, Butter, warme Wolldecken und Bargeld. Am Tag darauf werden sie in Thangmes Haus von den Brüdern des Dalai Lama aufgesucht, was sie in der allgemeinen Achtung nochmals steigen lässt.

Bewegungsfreiheit, aber die Ungewissheit bleibt

Zehn Tage nach ihrer Ankunft erhalten sie vom Aussenamt Bescheid, dass sie sich frei bewegen dürfen. Sie brechen sofort zu einem Spaziergang in die Stadt auf, schlendern über den Markt ■

und stellen überrascht fest, dass es hier praktisch alles zu kaufen gibt: einheimische Nahrungsmittel neben amerikanischem Corned Beef und englischem Whisky, Parfüms aus Frankreich, Schallplatten und Radiogeräte, Stoffe und Kleidungsstücke, ja sogar europäische Filzhüte, die in Lhasa anscheinend der letzte Schrei sind.

Es folgt eine Reihe für ihre Zukunft wichtiger Besuche: Auf Einladung des Gesandtschaftssekretärs sprechen sie beim Chef der Britischen Mission vor, um Näheres über ihren Status zu erfahren. Er will in Indien nachfragen, bietet ihnen eine Arbeit in Sikkim an und verspricht, über das Rote Kreuz dafür zu sorgen, dass sie endlich eine Nachricht nach Hause schicken können. Auch ein hoher Mönchsbeamter bittet um ihren Besuch. Er erkundigt sich nach ihren Berufen in der Heimat und erfährt mit sichtlichem Interesse, dass Aufschnaiter Landwirtschaftsingenieur ist. Schliesslich machen die beiden auch offizielle Antrittsbesuche bei allen vier Kabinettsministern und bitten sie, ihr Gesuch um Aufenthaltsgenehmigung zu unterstützen.

Nach drei Wochen werden sie vom Minister Tsarong ■ eingeladen, als Gäste in sein Haus zu ziehen; sie nehmen dankbar an und sind froh, ihrem ersten Gastgeber, Thangme, nicht mehr länger zur Last fallen zu müssen. Sie erhalten ein geräumiges Zimmer mit europäischer Einrichtung und nehmen das Abendessen, die wichtigere der beiden Mahlzeiten in Tibet, zumeist mit der Familie ein. Tsarong ist ein gebildeter, vielseitig interessierter und begabter Mann, mit dem sie manches interessante Gespräch führen. Auch seine reichhaltige Bibliothek steht ihnen offen. Tagsüber machen sie weitere Besuche und bemühen sich, von der Furcht vor einer Ausweisung getrieben, möglichst alles zu besichtigen, was in der Stadt sehenswert ist.

Die Furcht ist nicht unbegründet. Am 16. Februar 1946, einen Monat nach ihrer Ankunft in Lhasa, erhalten sie den Besuch des Kabinettsministers Kabshöpa, der ihnen mitteilt, die Regierung habe ihnen die Aufenthaltsgenehmigung verweigert und beschlossen, sie nach Indien abzuschieben. Eine Vorsprache bei der Familie des Dalai Lama und ein schriftliches Wiedererwägungsgesuch bei der Regierung bleiben erfolglos. Am 21. Februar stehen plötzlich Soldaten vor der Tür und befehlen den beiden, sofort zu packen und sich für den Abmarsch nach Indien bereit zu machen. Harrer, der seit der Durchquerung des Changthan von Ischias geplagt wird, ist gerade von einer besonders schweren Attacke befallen und liegt im Bett, unfähig, sich zu bewegen. Er bittet den kommandierenden Leutnant, seinen Vorgesetzten auszurichten, eine Abreise aus Lhasa komme nur in Frage, wenn er getragen werde. Die Soldaten ziehen ab.

Harrer und Aufschnaiter vermuten, dass die Ausweisung auf Wunsch Englands erfolgt ist und dass die Regierung mit dieser diplomatischen Geste das gute Einvernehmen mit der Kolonialmacht im Süden sichern will. Als am nächsten Tag keine Soldaten mehr erscheinen, schicken sie nach Kabshöpa und schlagen ihm als Kompromiss vor, der Arzt der British Mission solle Harrers Reiseunfähigkeit bestätigen. So geschieht es, und die beiden gewinnen kostbare Zeit.

Inzwischen ist es Frühling geworden. Am 4. März beginnt mit dem traditionellen Neujahrsfest das «Feuer-Hund-Jahr» des tibetischen Kalenders; für drei Wochen ruht jeder Streit, die Ämter werden geschlossen, der Stadtmagistrat legt seine Macht in die Hände der Mönche. ■ Auch die Ausweisung Harrers und Aufschnaiters bleibt liegen. Harrer kuriert seine Krankheit, und am 15. Tag des Neujahrsfestes ist er soweit hergestellt, dass er die Feierlichkeiten mitverfolgen kann. Tsarong hat ihnen in einem seiner Häuser am Parkhor einen Fensterplatz versprochen. Diese Strasse bildet den inneren Ring um die Kathedrale, auf dem sich das ganze städtische Leben abspielt und auf dem auch alle militärischen und religiösen Aufzüge stattfinden. Die grossartigste Prozession des Jahres findet am Neujahrsfest statt. Von der Kathedrale aus führt der Dalai Lama persönlich einen feierlichen und farbenprächtigen Zug um den Parkhor; ihm folgen alle Würdenträger und Adeligen sowie die gesamte Beamtenschaft des Landes. Von Zeit zu Zeit bleibt der Dalai Lama stehen, hebt segnend die Hand und betrachtet die riesigen, kunstvoll geformten Butterfiguren, welche den Weg säumen und Ausdruck des Opferwillens der adeligen und reichen Bewohner sind. Die Menge schweigt ergriffen und verharrt in tiefer Verneigung. Nur die Musik der Mönche ist zu hören: Oboen, Tuben, Pauken und Tschinellen.

Die ersten Aufträge

Eines Tages wird Aufschnaiter zu einem hohen Mönchsbeamten gerufen und erhält den Auftrag, einen Bewässerungskanal zu bauen. Auch Harrer, noch immer von Ischias geplagt, sucht eine Betätigung. Im Garten seines Gastgebers legt er einen Springbrunnen an, der zur grossen Sensation bei Tsarongs berühmten Gartenfesten wird. Bald kann sich Harrer weiterer Aufträge kaum mehr erwehren; jeder Adelige möchte seinen Garten mit einer ähnlichen Attraktion schmücken. Überraschend wird er auch vom obersten Kämmerer des Dalai Lama in den Garten der Tsedrungs bestellt. Die Tsedrungs sind eine Art Orden, deren Mitglieder die nächste Umgebung des Dalai Lama bilden. Sie haben eine strenge Ausbildung hinter sich und sind weltlichen Beamten an Macht weit überlegen. Harrer erhält den Auftrag, den Garten der Tsedrungs neu zu gestalten. Gleichzeitig lässt der Kämmerer durchblicken, dass auch im Garten des Dalai Lama neue Anlagen notwendig seien; der Auftrag hänge aber davon ab, wie man mit der Arbeit im Garten der Tsedrungs zufrieden sei.

Nun scheint also die Existenz in Tibet gesichert. Noch einmal erscheint zwar ein hoher Beamter des Aussenamtes und teilt den beiden mit, der englische Arzt habe nach langer Behandlung die Reisefähigkeit Harrers attestiert, und die Regierung wünsche nun ihre Ausreise nach Indien. Unter den Argumenten, die sie gegen eine Abreise vorbringen, erwähnen sie auch ihre Aufträge, die sie inzwischen von höchsten Stellen erhalten haben und zu Ende führen möchten. Von diesem Tag an hören sie nie mehr etwas von einem Ausweisungsbefehl.

Inzwischen sind sie in Lhasa heimisch geworden; auf den Strassen zeigt man nicht mehr mit Fingern auf sie, und Besuche bei ihnen gelten nicht mehr der Neugier, sondern der Freundschaft. Sehr oft werden sie auch zu vornehmen Familien Lhasas eingeladen, besonders ins Elternhaus des Dalai Lama, ■ mit dessen Bruder Lobsang Samten sie schon bald eine enge Freundschaft verbindet. Der Vierzehnjährige steht am Anfang einer grossen Mönchskarriere; durch seine Geburt ist er dazu bestimmt, dereinst als Mittler zwischen dem Gottkönig und der weltlichen Regierung zu fungieren. Er ist der einzige, der jederzeit Zutritt zum Dalai Lama hat. Von Lobsang Samten erfahren sie viel über das Leben des Gottkönigs, der sich im düsteren Potala wie in einem goldenen Käfig fühlt und seine Tage mit Lernen und Beten verbringt.

Sommer in Lhasa

Abwechslung bringt das Fest des Sommerbeginns, an dem der Dalai Lama unter Anteilnahme der ganzen Bevölkerung in seine Sommerresidenz, den Norbulingka vor den Toren Lhasas, zieht. ■ Die Spitze des feierlichen Zuges bilden Mönchsdiener, die in Bündeln die persönliche Habe Seiner Heiligkeit tragen. Dann folgen Mönche mit religiösen Bannern, eine berittene Musikkapelle, nach Rangstufen geordnet und ebenfalls beritten die Tsedrungs, die prachtvoll geschmückten Lieblingspferde des Dalai Lama und schliesslich dessen persönliche Betreuer: Kämmerer, Mundschenk, Lehrer und die übrigen religiösen Würdenträger. Der Dalai Lama wird in einer gelbseidenen Sänfte von sechsunddreissig Männern getragen, die mit einem grünen Seidenrock und roten Tellerhüten bekleidet sind. Die Menge verbeugt sich tief; Harrer und Aufschnaiter dagegen verneigen sich nur leicht, denn sie möchten den Dalai Lama sehen. Durch die Glasscheibe der Sänfte lächelt ihnen der Gottkönig freundlich zu. Seiner Sänfte folgen die weltlichen Würdenträger: Auf reich geschmückten Pferden reiten die vier Kabinettsminister vorüber, ihnen folgt auf einer zweiten Sänfte, aber mit weniger Trägern, der Regent Tagtra Gyeltshab Rinpoche, der Stellvertreter des Gottkönigs, der bis zu dessen Mündigkeit alle wichtigen Entscheidungen trifft. Hinter ihm reiten die drei Säulen des Staates, die Äbte der Klöster Sera, Drebung und Ganden, und den Schluss bildet der weltliche Adel, nach Rangstu-

fen geordnet und jede Gruppe in einheitlicher Kleidung. Die ganze Prozession symbolisiert den Staatsaufbau von Tibet: Die Spitze bilden die Mönche, im Zentrum der Macht stehen der Dalai Lama und der Regent, und am Schluss folgen die weltlichen Würdenträger.

Der Sommer in Lhasa ist eine herrliche Zeit; das Thermometer steigt nie über 35 Grad, die Nächte sind angenehm kühl und Niederschläge selten. Wenn die Brunnen zu versiegen drohen, kommt alljährlich ein merkwürdiger Regierungserlass: Jeder Einwohner hat so lange Wasser auf die Strasse zu schütten, bis der Befehl widerrufen wird. Jung und alt eilt zum Fluss, schöpft Wasser und trägt das kostbare Nass in die Stadt zurück. Binnen kurzem entwickelt sich zur Freude der Bevölkerung eine riesige Wasserschlacht. Gleichzeitig versammeln sich im Sommergarten des Norbulingka unter dem Vorsitz des Dalai Lama die höchsten Regierungsbeamten. Auch der berühmteste Wettermacher Tibets, das Orakel von Gadon, ist zugegen. Inmitten der illustren Runde fällt der Mönch allsbald in Trance und wird von einem Mönchsbeamten um Regen gebeten. Bald nach diesem Ereignis fällt in Lhasa jeweils Regen. Für die Tibeter gibt es keinen Zweifel, dass der schützende Gott während der Trance in den Wettermacher gefahren ist und die Bitte um Regen erhört hat. Meteorologisch betrachtet sieht die Sache allerdings nüchterner aus: Jahrelange Messungen der Britischen Mission haben einen Jahresdurchschnitt von 35 Zentimeter Niederschlag ergeben. Die Hauptmenge fällt regelmässig zur selben Zeit des Jahres.

Während des Sommers lernen Harrer und Aufschnaiter das Leben in Lhasa immer besser kennen: öffentliche Einrichtungen, Lebens- und Familienverhältnisse, Anschauungen, Sitten und Gebräuche sowohl der einfachen Bevölkerung als auch der zweihundert Adelsfamilien. Sie sind erstaunt über den niedrigen Stand der tibetischen Medizin, die keinerlei chirurgische Eingriffe kennt, dafür um so mehr dem Aberglauben und den Wahrsagern vertraut.

Auch die Regierung befragt vor grossen Entscheidungen das Staatsorakel im Nechungkloster, ■ das von einem Mönch mit medialen Fähigkeiten verkörpert wird. Er versetzt sich in Trance, wodurch der Tempelgott von ihm Besitz ergreift. In diesem Zustand wird er von einem Kabinettsminister befragt. Auf dem Höhepunkt der Trance beginnt das Orakel zu lallen, während ein älterer Mönch als Sekretär des Orakels fliessend Antworten auf die Fragen des Ministers niederschreibt. Bei aller Zweideutigkeit ihrer Formulierung sind sie richtunggebend und entbinden das Kabinett von grosser Verantwortung.

Leben und Arbeit in Lhasa

Noch schöner als der Sommer ist der Herbst in Lhasa; die Blumen in den Gärten stehen in voller Pracht, und auf den Märkten gibt es Früchte in Hülle und Fülle. Für Harrer und Aufschnaiter ist es die Zeit der Bergwanderungen. Zum grossen Erstaunen der Einheimischen besteigen sie die Gipfel der Umgebung; keinem Tibeter würde es einfallen, aus reinem Vergnügen einen Berg zu besteigen. Nur Mönche tun es an bestimmten Tagen aus kultischen Gründen.

Zur selben Zeit hat Harrer auch die Idee, einen Tennisplatz zu bauen. Eine Anzahl seiner Bekannten sind davon begeistert und steuern die finanziellen Mittel bei. Am Fluss wird eine geeignete Fläche planiert, in Indien werden Netze und Schläger beschafft. Kurze Zeit später findet die Eröffnung des «Tennisclub Lhasa» statt.

Der Herbst ist aber vor allem die Zeit des Drachensteigens. Das Spiel beginnt am ersten Tag des achten tibetischen Monats. Der erste Drache steigt vom Dach des Potala auf, und bald darauf ist der ganze Himmel über Lhasa voll davon. Erwachsene und Kinder frönen diesem Vergnügen stundenlang und mit grosser Hingabe. Die Leinen sind mit Leim und zu Pulver geriebenem Glas imprägniert, und der Sinn des Spiels besteht darin, die Schnur des Gegners zu kreuzen und durchzuschneiden. Sieger ist, wer seinen Drachen am längsten in der Luft halten kann.

Zu Beginn des Jahres 1947 hat Aufschnaiter den Bewässerungskanal fertiggestellt. Nun soll er das einzige Elektrizitätswerk des Landes sanieren, das vor 20 Jahren errichtet worden ist, dessen Stromproduktion aber gerade noch knapp zum Betrieb der Maschinen in der staatlichen Münzstätte ausreicht. Die Ministerwohnungen, die ebenfalls ans Netz angeschlossen sind, können nur an arbeitsfreien Samstagen mit Strom beliefert werden. Das alte Werk steht an einem Seitenarm des Kyichhu mit geringer Wasserkraft. Beim Bau hat man befürchtet, die Götter würden Lhasa strafen, wenn die ganze Kraft des heiligen Flusses für die Stromproduktion missbraucht wird. Es gelingt Aufschnaiter, der Regierung diese Furcht auszureden, und so beginnt er mit den Vermessungsarbeiten für ein neues Kraftwerksprojekt.

Harrer hat damit begonnen, jungen Adeligen Privatstunden in Englisch und Mathematik, später auch in anderen Fächern zu geben. Ausserdem erteilt er Trainerstunden in Tennis und verlegt sich auch sonst auf allerlei Nebenverdienste. Die beiden werden in vielen Dingen um Rat und Hilfe gebeten. Sie freuen sich darüber, denn sie sehen darin eine Möglichkeit, für die gewährte Gastfreundschaft Dank abzustatten.

Knapp vor dem zweiten Neujahrsfest erhalten sie zum erstenmal Post aus der Heimat. Die Briefe sind ein Jahr lang unterwegs gewesen, und die Nachrichten aus Europa bestärken sie in ihrer Absicht, in Lhasa sesshaft zu werden. Dass man ihnen als Ausländer erlaubt, in Tibet zu bleiben, ist keine Selbstverständlichkeit. Das wird ihnen immer wieder klar, wenn sie für die

Regierung Briefe aus aller Welt übersetzen müssen, in denen sich Bittsteller aus den verschiedensten Berufszweigen anbieten, gegen Kost und Logis in Tibet zu arbeiten oder Lungenkranke in der sauberen Höhenluft Heilung erhoffen. Die Regierung erteilt keinem eine Einreisegenehmigung, und es sind nur wenige ausländische Besucher, die während Harrers Aufenthalt als Gäste der Regierung nach Lhasa kommen: der italienische Tibetologe Prof. Tucci, der französische Journalist Amaury de Riencourt, die amerikanischen Publizisten Lowell Thomas senior und junior sowie ein Ingenieur der General Electric Company, der die Maschinen für das neue Elektrizitätswerk beschaffen soll, und ein Mechaniker, der diejenigen des alten repariert.

Audienz beim Dalai Lama

Am Neujahrsfest des Jahres 1947 erhalten Harrer und Aufschnaiter vom Obersten Kämmerer des Dalai Lama Bescheid, sie ständen auf der Empfangsliste Seiner Heiligkeit. Am festgesetzten Tag kaufen sie die teuersten weissen Schleifen, die sie in der Stadt auftreiben können, und steigen inmitten einer bunten Menge die Stufen zum Potala empor. Hinter den Mönchen betreten sie den Empfangsraum. Der Gottkönig sitzt in Buddhastellung auf seinem mit kostbarem Brokat bespannten Thron, zu dessen Füssen sich Geldsäckchen, Seidenrollen und weisse Schleifchen türmen, die von den Gläubigen während der Empfangszeremonie als Geschenke niedergelegt werden. Während sich Harrer und Aufschnaiter vor dem Thron verneigen, drückt ihnen der Gottkönig leicht mit der segnenden Hand auf den Kopf, wie er es auch bei Mönchen tut. Dann stehen sie vor dem etwas niedrigeren Thron des Regenten; auch er gibt ihnen durch Handauflegen seinen Segen. Ein Abt legt ihnen rote Amulettschleifchen um, dann werden sie gebeten, auf Kissen Platz zu nehmen. Von hier aus beobachten sie den nicht endenwollenden Pilgerzug. Für viele ist es der grösste Augenblick ihres Lebens, vor dem Dalai Lama zu stehen. Sie sind oft während Monaten und Jahren unterwegs, ertragen Hunger und Kälte, werfen sich in den Staub, rutschen auf den Knien, um hier gesegnet zu werden. Die Amulettschleife wird das ganze Leben lang aufbewahrt, und man ist überzeugt, dass sie vor allem Unheil bewahrt.

Putsch gegen den Regenten

1947 kommt es in Lhasa zu einem Bürgerkrieg, bei dem der frühere Regent, Reting Rinpoche, wieder an die Macht kommen soll. Die Verschwörung kommt durch ein missglücktes Bombenattentat auf den amtierenden Regenten ans Licht. Reting wird verhaftet und heimlich in den Potala gebracht. Die Mönche des Klosters Sera lehnen sich gegen diese Aktion der Regierung auf, und man befürchtet, dass sie plündernd in die Stadt einbrechen könnten. Über Lhasa wird der Ausnahmezustand verhängt. Nach ein paar Tagen lässt die Regierung die Klosterstadt Sera mit Haubitzen beschiessen, und schliesslich gelingt es der Armee, die Mönche zu überwältigen, soweit sie nicht bereits nach China geflohen sind. Die Anhänger Retings werden ihrer Ämter enthoben, Retings Güter eingezogen. Aufschnaiter erhält von der Regierung ein Pferd aus Retings Besitz, das ihm in seinem ausgedehnten Arbeitsgebiet für das neue Elektrizitätswerk gute Dienste leistet. Die Verhandlungen gegen die Schuldigen des Aufstands dauern noch wochenlang, öffentliche Auspeitschungen sind an der Tagesordnung; erst der vierte Monat des tibetischen Jahres, der als Geburts- und Todesmonat Buddhas für heilig gilt, lässt die Revolte endgültig vergessen.

Zu den religiösen Feiern strömen wieder Tausende von Pilgern nach Lhasa und messen zum Zeichen der Busse den Lingkhor, ■ eine acht Kilometer lange Pilgerstrasse um die Stadt, mit ihrer Körperlänge aus. Sie benötigen dazu bis zu elf Tage, an denen sie sich jeweils rund fünfhundert Mal in den Strassenstaub werfen. Am 15. Tag des heiligen Monats ziehen alle Regierungsmitglieder in feierlicher Prozession betend um den Lingkhor; die Strasse ist gesäumt von Bedürftigen, die aus der Hand von Dienern Almosen erhalten.

Im Dienste der Regierung

Im Herbst desselben Jahres erhalten Harrer und Aufschnaiter von der Regierung den Auftrag, einen Stadtplan von Lhasa aufzunehmen. Mit einem Theodolithen aus Tsarongs Privatbesitz ziehen sie wochenlang durch alle Gassen und Winkel der Stadt, ständig umlagert von einer Schar Neugieriger. ■ Sie benötigen den ganzen Winter, bis sie alle Unterlagen beisammen haben. Der nächste Auftrag lautet, Pläne für ein Kanalisationsnetz und für eine elektrische Versorgung auszuarbeiten. Aufschnaiter bezieht bereits ein monatliches Gehalt der Regierung, zu Beginn des Jahres 1948 wird auch Harrer fest angestellt.

Auch mit Dammbauten sind die beiden beschäftigt. Im Sommer 1947 wird Harrer mitten in der Nacht zum Norbulingka ■ gerufen, weil die durch den Monsunregen ausgelösten Hochwasser des Kyichhu den Sommerpalast gefährden. Unter seiner Anleitung beginnen die Soldaten der Leibgarde noch in der Nacht mit der Verstärkung des Dammes. Am nächsten Morgen lässt Harrer im Basar alle Jutesäcke aufkaufen. 500 Kulis füllen sie mit Sand und Grasziegeln, und in aller Eile wird ein neuer Damm gebaut, der gerade noch fertig wird, ehe der alte den Wassermassen nachgibt. Die Regierung beschliesst, die Hochwassergefahr für den Sommerpalast ein für allemal zu bannen und erteilt Harrer und Aufschnaiter den Auftrag, umfangreiche Hochwasserbauten zu errichten. 500 Soldaten und 1000 Kulis stehen ihnen zur Verfügung. Als grosse Neuerung erreicht Harrer, dass diese nicht im Frondienst, sondern gegen ein tägliches Entgelt arbeiten. Zahlmeister ist einer der hohen Bönpos, mit denen Harrer und Aufschnaiter schon in Tradün zusammengetroffen sind. Die Arbeiten schreiten gut voran. Wiederholt kommt das gesamte Kabinett in Begleitung von Dienerschaft und Sekretären angeritten, um sich über den Baufortschritt ein Bild zu machen. Im Juni, gerade rechtzeitig vor den ersten Fluten, ist das Dammwerk fertig. Die Fluten sind in diesem Jahr besonders hoch – aber der Damm hält.

Die Regierungsaufträge bieten die Grundlage zum Aufbau einer eigenen Existenz. Während Aufschnaiter schon mit Beginn seiner Arbeit für das neue Kraftwerk ein Haus ausserhalb der Stadt, in der Nähe seines Arbeitsortes, bezogen hat, zieht nun auch Harrer in ein eigenes Haus. Es gehört dem Aussenminister Surkhang. Er richtet sich ein Wohnzimmer und ein Schlafzimmer ein und bastelt aus einem Benzinkanister eine Duschanlage. Im Garten legt er Blumen- und Gemüsebeete an. Die Regierung stellt ihm einen persönlichen Diener, einen Soldaten als Botengänger sowie einen Pferdeknecht, denn seit er im Norbulingka arbeitet, darf er auch ständig ein Pferd aus dem Stall des Dalai Lama reiten.

Die chinesische Bedrohung

In der Zwischenzeit nimmt der Bürgerkrieg in China immer bedrohlichere Ausmasse an. Man befürchtet, dass es auch unter den in Lhasa ansässigen Chinesen zu Unruhen kommen könnte. Um ihre Unabhängigkeit von China unter Beweis zu stellen, beschliesst die Regierung, die Mitglieder der chinesischen Vertretung auszuweisen. Sie werden mit ausgesuchter Höflichkeit verabschiedet, eine Eskorte mit Fahnen und Trompeten begleitet sie zur indischen Grenze. Von dort reisen einige direkt nach Peking, wo Mao Tse-tung in der Zwischenzeit seinen Regierungssitz errichtet hat. Mit dieser Aktion flammt der jahrhundertealte Streit zwischen Tibet und China wieder auf. Rotchina versteht die Ausweisung nicht als Akt der Neutralität, sondern als politischen Affront.

Die Regierung bemüht sich, die Unabhängigkeit des Landes auch auf andere Weise zu dokumentieren. Im selben Jahr schickt sie vier hohe Beamte auf eine Goodwill-Reise rund um die Welt. Ihre Reiseroute beginnt in Indien, von dort fliegen sie nach China, reisen über die Philippinen nach Hawaii und San Franzisco weiter und kehren über Europa nach Tibet zurück. Während der fast zweijährigen Reise treffen sie nicht nur mit Staatsmännern zusammen, sie besichtigen auch Industriebetriebe und versuchen, die Handelsbeziehungen Tibets zur Aussenwelt zu verstärken. Auch der Besuch der beiden Amerikaner Thomas senior und junior im Jahre 1949 dient einem ähnlichen Zweck wie die Weltreise der Beamten; die Regierung hofft, der Welt durch deren publizistische Tätigkeit ihren Willen zur Souveränität vor Augen zu führen. Während einer Woche machen die beiden Ton- und Filmaufnahmen. Harrer beneidet sie um ihre Ausrüstung. Zusammen mit seinem Freund, dem Mönchsbeamten Wangdüla, hat er in der Zwischenzeit zwar eine Leica erstehen können, doch leiden sie unter ständiger Filmknappheit. Die beiden Amerikaner schenken Harrer zwei Farbfilme – seine ersten und einzigen.

Die politische Lage des Landes verschlechtert sich zusehends; Peking hat angekündigt, Tibet schon bald zu «befreien». Angesichts dieser Gefahr beauftragt die Regierung einen Kabinettsminister mit der Reorganisation der Armee. Tibet hat ein stehendes Heer, zu dem jeder Ort, gemessen an seiner Einwohnerzahl, eine bestimmte Zahl von Männern zu stellen hat. Die Instruktoren haben in Indien gedient. Im Zuge der Reorganisation werden nun neue Regimenter aufgestellt, und die Nationalversammlung verpflichtet den Adel, tausend Mann zu stellen und auszurüsten. ■ Die Ausbildung der Truppe wird forciert, rund um Lhasa entstehen Militärlager. Gleichzeitig beginnt man, dort Nahrungsmitteldepots anzulegen, wo die spätere Front vermutet wird. Auch die innere Abwehr wird gestärkt. Den Mönchen wird befohlen, den Kangyur, die tibetische Bibel, in regelmässigen Versammlungen gemeinsam zu lesen, überall werden neue Gebetsfahnen und Gebetsmühlen errichtet, und die Opfer an die Götter werden verdoppelt. Zum Neujahrsfest drängen sich mehr Pilger denn je in den Strassen Lhasas.

Die Klosterfahrt des Dalai Lama

Während sich die Welt rund um Tibet verändert – Indien ist 1948 unabhängig geworden, und in China stehen die Kommunisten kurz vor dem Sieg –, konzentriert sich das Interesse der Tibeter auf die traditionelle Klosterfahrt des Dalai Lama. Jeder junge Gottkönig muss sich nämlich vor Erklärung seiner Mündigkeit in den Klöstern Drebung und Sera einer religiösen Prüfung unterziehen. Sie findet in Form von Debatten zwischen dem Dalai Lama und einem Abt des Klosters statt. Auf Einladung von Lobsang Samten erhält Harrer Gelegenheit, bei einer dieser Debatten in Drebung dabeizusein.

Auf einem mit weissem Kies bestreuten Platz kauern dichtgedrängt an die zweitausend Mönche, zu denen der Dalai Lama von einem erhöhten Platz aus predigt. Viele Jahre hat der mittlerweile Vierzehnjährige im Studium mit seinen Lehrern verbracht, nun soll er beweisen, ob er jene Fähigkeiten besitzt, die einen Herrn aller Mönche auszeichnen. Man erzählt sich über seine Intelligenz schon wahre Wunder, und die anschliessende Debatte zeigt, dass man nicht übertrieben hat: Schlagfertig antwortet er dem Abt und treibt diesen, als nach einer Weile die Rollen getauscht werden, mit seinen Fragen sichtlich in die Enge. In einer weiteren Zeremonie bringt der Dalai Lama auf dem 5600 Meter hohen Gipfel des Gompe Utse das traditionelle Opfer dar. Am frühen Morgen bricht eine grosse Karawane, wohl an die tausend Menschen, auf. Gegen Abend wird eine Einsiedelei auf halber Höhe erreicht, von der aus sich der Gottkönig am anderen Morgen in Begleitung seiner höchsten Würdenträger auf den Berg begibt. Rauchzeichen verkünden den Menschen im Tal, dass der Dalai Lama den Gipfel erreicht hat und dort oben für das Wohl seiner Untertanen betet.

Für Harrer und Aufschnaiter nimmt das Leben in Lhasa seinen inzwischen gewohnten Gang. Beim Kanalbau stossen Aufschnaiters Arbeiter immer wieder auf Tonscherben, die er sammelt und Stück für Stück zu den schönsten Vasen und Krügen zusammenfügt. Auch Gräber mit tadellos erhaltenen Skeletten und Beigaben werden freigelegt. In seiner Freizeit ordnet, registriert und verpackt Aufschnaiter all diese Funde. Sie zeugen von einer längst vergangenen Epoche, denn seit Menschengedenken werden Tote in Tibet nicht begraben, sondern verbrannt oder zerstückelt den Geiern überlassen. Auch Harrer steht noch immer im Dienste der Regierung, übersetzt Nachrichten und Zeitungsartikel und baut hin und wieder kleinere Dämme. Dazwischen unternimmt er auf Veranlassung einiger Adeliger eine Reise aufs Land, um deren Güter zu begutachten. Sie mutet ihn wie eine Reise ins Mittelalter an: Die Gutsverwalter herrschen wie Könige, derweil die Gutsherren in Lhasa ihre Amtsgeschäfte führen und für ihre Verdienste von der Regierung mit neuen Landgeschenken entschädigt werden. So haben ihre Güter oft riesige Ausmasse und beschäftigen Tausende von Leibeigenen. Der Ackerbau ist primitiv. Die Pflüge sind einfache Holzknüppel mit einem Eisendorn und werden von einem Dzo, einer Kreuzung des Jaks mit dem Rind, gezogen. Bewässerungssysteme sind unbekannt, obwohl die Bergbäche gerade im trockenen Frühling reichlich Schmelzwasser zu Tale führen.

Harrer ist mehrere Wochen unterwegs, und als er nach Lhasa zurückkehrt, ist der Winter eingekehrt. Die zugefrorenen Seitenarme des Kyichhu lassen die Idee entstehen, Eislauf zu treiben. ■ Die Mitglieder der Britischen Mission in Gyantse haben schon früher diesem Sport gehuldigt und bei der Abreise ihre Schlittschuhe der Dienerschaft überlassen. Diese Schuhe bilden den Grundstock zur Gründung einer Eislaufvereinigung, die schon bald eine zahlreiche Anhängerschaft hat, darunter auch den Bruder des Dalai Lama.

Foto- und Filmaufträge führen zur Begegnung mit dem Dalai Lama

Durch Lobsang Samten kommt auch dem Gottkönig das Treiben auf dem Eisfeld zu Ohren. Leider liegt es so, dass es vom Dach des Potala aus nicht eingesehen werden kann. Der Dalai Lama schickt Harrer eine Filmkamera mit dem Auftrag, einen Film über das Eislaufen zu drehen. Die Filmkamera haben die vier

Weltreisenden nach Tibet gebracht. Da Harrer noch nie selber gefilmt hat, bittet er auch um die Bedienungsanleitung und studiert sie genau, bevor er ans Werk geht. Dann wird der Film in Indien entwickelt, und zwei Monate später ist er im Besitz des Dalai Lama. Er bildet den Ausgangspunkt für die ersten persönlichen Kontakte, aus denen sich allmählich eine tiefe Freundschaft zwischen den beiden entwickelt.

Zunächst erhält Harrer Aufträge, verschiedene Zeremonien im Bild festzuhalten. Sie kommen entweder mündlich durch Lobsang Samten oder auf kleinen, vom Dalai Lama geschriebenen Zettelchen, auf denen er seine Wünsche über Motiv und Kamerastandort, ja sogar über den günstigsten Lichteinfall mitteilt. So wird es möglich, bei religiösen Festen und Zeremonien Fotos und Filmaufnahmen zu machen, wie sie bisher noch niemandem gelungen sind.

Im Winter 1949/50 erhält Harrer den Auftrag, im Sommerpalast einen Vorführraum zu bauen. Als Kinosaal wählt er ein Haus an der inneren Gartenmauer, das seit dem Tod des 13. Dalai Lama nicht mehr benutzt worden ist. An einer Stirnseite wird ein kleiner Anbau für den Projektionsapparat errichtet, ausserdem wird in einiger Entfernung ein Häuschen für den Benzingenerator errichtet, damit der Lärm des Motors die Vorführung nicht störe. Zwischen Generator und Vorführkabine werden elektrische Leitungen gelegt. Im Frühjahr, noch vor dem Umzug des Dalai Lama in den Norbulingka, ist das Kino fertig.

Auch die feierliche Prozession in den Sommerpalast ist dieses Jahr ein Filmthema für Harrer. Die letzten Aufnahmen macht er, als der Zug bei der Gartenpforte eintrifft, dann reitet er nach Hause. Unterwegs wird er von einem aufgeregten Soldaten der Leibgarde eingeholt und aufgefordert, unverzüglich in den Palast zurückzukehren. Am Tor erwarten ihn bereits gestikulierende Mönche, und am Eingang zum inneren Garten kommt ihm Lobsang Samten entgegen und drückt ihm eine weisse Schleife in die Hand. Nun besteht kein Zweifel mehr: Der Dalai Lama möchte ihn sehen. Er wendet sich zum Vorführraum, als die Türe von innen geöffnet wird. Vor ihm steht der Gottkönig. Harrer verneigt sich tief und überreicht seine Schleife. Im Vorführraum warten die drei Lehrer des Dalai Lama mit ablehnenden Gesichtern; es stört sie ganz offensichtlich, dass ein Fremder in ihre Domäne eindringt. Um so herzlicher ist der Dalai Lama. Er drängt Harrer zum Projektor, um einen Film einzulegen, und als er sieht, dass dieser zögernd und ungeschickt vorgeht, nimmt er die Filmspule selbst in die Hand. Er habe sich, so erzählt er, den ganzen Winter über mit den Apparaten beschäftigt. Sie schauen sich zahlreiche Filme an, und am Schluss der Vorführung bedeutet der Dalai Lama seinen Äbten, dass er sie nicht mehr brauche. Allein gelassen, erzählt der Dalai Lama, dass er dieses Treffen schon lange geplant habe, weil er sich neben dem religiösen Wissen, das er von seinen Lehrern erhalte, auch andere Kenntnisse aneignen wolle; dazu sei Harrer der geeignete Mann. Während des Gesprächs stellt sich heraus, dass er viel aus Büchern und Zeitschriften weiss, aber bisher niemanden gefunden hat, der ihm die Zusammenhänge der Welt erklären kann. Auch mit den Buchstaben des lateinischen Alphabets hat er sich befasst und begonnen, moderne Sprachen zu lernen. Das Gespräch der beiden dauert lange, und zum Schluss vereinbaren sie für den nächsten Tag ein neues Treffen.

Freund und Lehrer des Dalai Lama

Nun hat Harrer eine neue Aufgabe. Noch am gleichen Abend sucht er aus Zeitschriften Material über die Konstruktion von Düsenjägern zusammen, denn bei diesem Thema ist er am Nachmittag in arge Verlegenheit gekommen und hat versprechen müssen, beim nächsten Mal alles genau zu erklären. Der Wissensdurst des jungen Dalai Lama ist unstillbar, und obwohl Harrer versucht, System in die Unterweisung zu bringen, schweifen sie immer wieder auf neue Themen ab. Um beispielsweise Fragen zur Atombombe zu beantworten, muss er die Elemente erklären, und so kommt das Gespräch auf die verschiedenen Metalle. Andererseits lernt Harrer bei diesen Zusammenkünften viel aus der Geschichte Tibets und über die Lehre Buddhas. In beidem ist der Dalai Lama ungeheuer belesen. Das Schwergewicht der Ausbildung liegt in Englisch, Geographie und Rechnen, daneben hält Harrer den Dalai Lama auch über das Weltgeschehen auf dem laufenden. In einem der Ämter hat er zudem eine versiegelte Kiste mit englischen Schulbüchern entdeckt. Auf Geheiss des Dalai Lama werden sie gebracht, und die beiden richten sich im Vorführraum eine kleine Bibliothek ein. Auch im Nachlass des 13. Dalai Lama liegen eine grosse Anzahl englischer Bücher und Landkarten, die ebenfalls herbeigeschafft werden.

Von China droht Gefahr

Inzwischen wird der Ton des Senders Peking immer bedrohlicher; Rotchina bezeichnet Tibet als eine seiner Provinzen. Die tibetische Nationalversammlung hält eine Sitzung nach der andern ab und beschliesst die Rekrutierung immer neuer Truppen. Das Staatsorakel wird befragt und prophezeiht: «Ein mächtiger Feind bedroht von Norden und Osten das heilige Land.» Die Stadt ist voller Gerüchte, in denen die Macht des Feindes oft ins Sagenhafte übertrieben wird. Viele Wohlhabende beginnen bereits, ihren Besitz in den Süden des Landes zu bringen. Die Nationalversammlung sieht ein, dass die bisherige Isolationspolitik falsch war. Radio Lhasa beginnt, täglich in tibetischer, chinesischer und englischer Sprache zu senden, und die Regierung will Delegationen nach Peking, Delhi, Washington und London schicken. Sie kommen allerdings nur bis Indien; die Unschlüssigkeit der eigenen Regierung und politische Schachzüge der Grossmächte verhindern immer wieder ihre Weiterreise.

Die bösen Omen häufen sich. Im Jahr zuvor hat ein Komet die Menschen in Angst und Schrecken versetzt; alte Leute haben sich daran erinnert, dass nach dem Auftauchen des letzten Kometen ein Krieg mit China ausgebrochen sei. Am 15. August 1950 bringt ein heftiges Erdbeben neue Verzweiflung. Das wahre Ausmass der Katastrophe wird aber erst einige Wochen später bekannt: Das Epizentrum muss im Süden Tibets gelegen haben, wo in Felsenklöstern Hunderte von Mönchen und Nonnen umgekommen sind.

In der Öffentlichkeit werden Stimmen laut, den Dalai Lama vorzeitig für mündig zu erklären. Man scheint es vorzuziehen, in dieser schweren Zeit einen unantastbaren Herrscher auf dem Thron zu wissen, statt der korrupten Wirtschaft des Regenten ausgeliefert zu sein. Eines Morgens kleben an den Mauern der Hauptstrasse zum Norbulingka Plakate mit der Aufschrift: «Gebt dem Dalai Lama die Macht!» – ein in Tibet bisher unvorstellbarer Vorgang.

In der Zwischenzeit geht die Lehrtätigkeit Harrers weiter. Der Dalai Lama zeigt sich aufgeschlossen für westliche Gedanken und ist entschlossen, sein Volk aus dem finsteren Aberglauben herauszuführen. Sein Plan ist fertig: Er will aus kleinen, neutralen Staaten ohne Machtinteressen in Asien Fachleute für das Schul- und Gesundheitswesen holen. Aufschnaiter soll seine Kenntnisse als Agraringenieur der Landwirtschaft zur Verfügung stellen, während sich Harrer dem Schulwesen widmen soll.

Aber über Tibet ziehen dunkle Wolken zusammen. Im Herbst verlegt die Nationalversammlung ihren Sitz in den Norbulingka, um dem Dalai Lama wichtige Ereignisse unmittelbar mitteilen zu können. Man beginnt, den jungen König immer mehr in die Regierungsgeschäfte einzuweihen.

Aus Osttibet wird gemeldet, dass Rotchina an der Grenze berittene Regimenter und Infanterie zusammenziehe. Man schickt Truppen in den Osten, weiss aber bereits, dass sie zu schwach sind, um das Land zu verteidigen. Am 7. Oktober 1950 greift China an sechs verschiedenen Orten gleichzeitig die tibetische Grenze an, aber bis die Nachricht nach Lhasa gelangt, vergehen zehn Tage. Im Sommerpalast kommt es zu dramatischen Szenen: Äbte und Minister werfen sich mit Tränen in den Augen dem Staatsorakel zu Füssen und flehen um eine Entscheidung. Im Höhepunkt seiner Trance fällt das Orakel vor dem Dalai Lama zu Boden und ruft: «Macht ihn zum König!»

Inzwischen sind die chinesischen Truppen mehrere hundert Kilometer ins Land eingedrungen. Der Gouverneur der Hauptstadt von Osttibet bittet in einem Funkspruch nach Lhasa, sich ergeben zu dürfen, da er dem Feind nicht standhalten könne. Seine Bitte wird abgelehnt. In höchster Not richtet die Nationalversammlung ein Hilfegesuch an die Vereinten Nationen, aber die UNO spricht lediglich die Hoffnung aus, dass China und Tibet sich friedlich einigen mögen. Damit ist das Schicksal Tibets besiegelt.

Die Mündigkeitserklärung des Dalai Lama steht unmittelbar bevor; gleichzeitig wird auch die Frage nach seinem weiteren Schicksal gestellt. Schon sein Vorgänger, der 13. Dalai Lama, ist vor vierzig Jahren vor den Chinesen geflohen. Die Frage der Flucht wird dem Staatsorakel vorgelegt. Zwei kleine Tsampabällchen, in die je ein kleiner Zettel mit einem Ja oder einem Nein eingerollt sind, werden in einen goldenen Becher geworfen. Der Becher wird dem Orakel in die Hand gedrückt, das bereits in Trance seinen Tanz vollführt. Er rotiert in der Hand des Orakels so lange, bis eine der Kugeln herausspringt und zu Boden fällt. Es ist jene mit dem Ja, und so ist entschieden, dass der Dalai Lama Lhasa verlassen soll. Die Vorbereitungen zur Flucht werden unverzüglich an die Hand genommen. Die Chinesen stehen zwar immer noch einige hundert Kilometer östlich der Hauptstadt, doch wird befürchtet, dass sie mit einem plötzlichen Vorstoss nach Süden den Fluchtweg des Königs abschneiden könnten. Als erstes wird der Privatschatz Seiner Heiligkeit weggeschafft. Täglich sieht man schwer beladene, von Leibgardisten bewachte Karawanen die Stadt verlassen. Auch die Adeligen zögern nun nicht mehr länger und bringen ihre Familien und Wertsachen in Sicherheit.

Abschied von Lhasa

Im November 1950 verlässt Harrer Lhasa; er nimmt nur seine Bücher und Sammlungen mit, den Rest verschenkt er seinen Dienern. Aufschnaiter, der ursprünglich auch mitkommen will, überlegt es sich im letzten Moment und gibt vorerst nur sein Gepäck mit. Die Karawane zählt vierzehn Tragtiere und zwei Pferde für Harrer und seinen Diener Nyima, der es sich nicht nehmen lässt, seinen Herrn zu begleiten. Der Tross wird vorausgeschickt, Harrer folgt ihm zwei Tage später. In einem Jakhautboot fährt er den Kyichhu hinunter bis zum Zusammenfluss mit dem Tsangpo, wo er gleichentags auf seine Karawane trifft. Eine Woche später erreichen sie Gyantse. ■

Hier erlebt Harrer das Fest, mit dem ganz Tibet die Regierungsübernahme des jungen Königs feiert. Die Zeremonien beginnen am 17. November und dauern angesichts der Zeitumstände nur drei Tage. Eilboten bringen die Kunde in alle Dörfer und Städte, von den Dächern wehen neue Gebetsfahnen, überall wird gefeiert, und für kurze Zeit überdeckt die Festfreude die Sorgen um die Zukunft.

Von Gyantse aus macht Harrer einen Ausflug nach Shigatse, der zweitgrössten Stadt Tibets. Sie ist berühmt durch das Kloster

Tashilhünpo, in dem der Pantschen-Lama residiert. ■ Auch er ist eine Inkarnation Buddhas und wird von den Chinesen schon seit Generationen immer wieder als Gegenspieler des Dalai Lama aufgebaut. Der derzeitige Pantschen-Lama ist in China erzogen und von Peking als der rechtmässige Herrscher Tibets proklamiert worden, obwohl ihm von Rechts wegen nur das Kloster und dessen Besitzungen zustehen. In der Region Shigatse hat er viele Anhänger, und man sieht der nahenden «Befreiungsarmee» mit Gelassenheit entgegen. Gerüchte besagen sogar, dass der Pantschen-Lama mit ihr gemeinsame Sache mache.

Nach Gyantse zurückgekehrt, erfährt Harrer, dass man die Durchreise des Dalai Lamas erwarte. Überall wird emsig gearbeitet; die Strassen werden gesäubert und ausgebessert, und in den Karawansereien wird Futter für die Tiere bereitgestellt. Am 19. Dezember verlässt der Dalai Lama die heilige Stadt; seine Familie, mit Ausnahme des Bruders Lobsang Samten, ist schon vorausgereist und passiert gerade Gyantse, als sich der Gouverneur und Harrer aufmachen, dem König entgegenzureiten. Nach drei Tagen treffen sie am Karo-Pass auf die Spitze seiner Karawane und beobachten, wie ein langer Zug, in eine dichte Staubwolke eingehüllt, die Passstrasse bergan zieht. Mitten in der Kolonne wehen die tibetische Nationalflagge und das persönliche Banner des Dalai Lama. ■ Der König reitet auf einem Schimmel und ist von rund vierzig Beamten begleitet; zweihundert ausgesuchte Soldaten, ausgerüstet mit modernen Maschinengewehren und Haubitzen, bilden den militärischen Schutz. Hinter der Begleitung des Königs folgt ein Heer von Dienern und Köchen, und daran schliesst sich ein Zug von tausendfünfhundert Tragtieren an.

Die Flucht aus Lhasa ist streng geheim gehalten worden, weil man befürchtet hat, die Mönche der grossen Klöster würden alles daran setzen, den Dalai Lama davon abzubringen. Auch die zur Begleitung auserwählten Beamten sind erst einige Stunden vor der Abreise informiert worden. Um zwei Uhr nachts verlässt die Karawane die Stadt; die Nachricht von der Flucht verbreitet sich in Windeseile, und schon am nächsten Tag kommen der Kolonne Tausende von Mönchen aus dem Kloster Dshang entgegen, werfen sich vor die Hufe des Schimmels und flehen ihren Herrscher an, sie nicht zu verlassen. Mit wenigen Worten erklärt der König den Mönchen, dass er mehr für sein Land tun könne, wenn er nicht in die Hand des Feindes falle, sondern Verhandlungen führen könne. Daraufhin geben die Mönche den Weg widerspruchslos frei.

Überall auf der fast fünfhundert Kilometer langen Fluchtstrecke werden die Strassenränder mit weissen Steinen belegt, um die bösen Geister fernzuhalten. ■ Aus den Klöstern strömen Mönche und Nonnen herbei, die den Dalai Lama sehen und anbeten wollen, und die ganze Bevölkerung erwartet sehnsüchtig seine Ankunft. Um den Sandstürmen auszuweichen, bricht die Karawane schon kurz nach Mitternacht auf und reitet durch die eiskalte Nacht. Beim Morgengrauen sinkt das Thermometer auf minus 30 Grad, und heftige Schneetreiben behindern das Fortkommen. Oft springt der Dalai Lama vom Pferd und eilt seiner Begleitung zu Fuss voraus. Selbstverständlich müssen in solchen Augenblicken auch die Begleiter vom Pferd steigen, und die wohlbeleibten Adeligen, die ihr Leben lang nicht marschiert sind, fallen weit zurück.

Alle sind erleichtert, als die Karawane die Pässe des Himalaja hinter sich hat und ins wärmere, bewaldete Chumbital hinabsteigt. Siebzehn Tage nach dem Abmarsch in Lhasa erreicht sie ihr vorläufiges Ziel, das Haus des Distriktsgouverneurs von Chumbi. In feierlicher Prozession wird der König in seiner gelben Sänfte zu seiner neuen Residenz getragen. Die Beamten werden in den Bauernhäusern der Umgebung untergebracht, ihre Frauen und Kinder reisen nach Indien weiter. Die Zugänge zum Tal werden mit Posten besetzt, die man nur mit einem speziellen Ausweis passieren kann. Aus jedem Amt ist mindestens ein Vertreter mitgekommen, so dass schon bald regelmässige Amtsstunden und Sitzungen der Regierung abgehalten werden. Die Verbindung nach Lhasa wird mit Kurieren aufrechterhalten. ■

Harrer bleibt noch für eine gewisse Zeit in Chumbi, denn es fällt ihm schwer, von Tibet Abschied zu nehmen. Auf seinem Kofferradio verfolgt er laufend die Weltnachrichten und gibt sie an den Aussenminister weiter. Die Chinesen haben ihren Vormarsch gestoppt und fordern die tibetische Regierung wiederholt auf, zu Verhandlungen nach Peking zu kommen. Da jeder Widerstand sinnlos geworden ist, stimmen der König und die Regierung der Forderung schliesslich zu und entsenden eine Delegation. Nach langen Verhandlungen kommt ein Vertrag zustande, der dem Dalai Lama die innere Verwaltung Tibets überlässt und Religionsfreiheit garantiert. Dafür beansprucht China die aussenpolitische Vertretung und die Verteidigung des Landes.

Harrer entschliesst sich im März 1951 zur Weiterreise nach Indien. Aufschnaiter, mit dem er im Briefwechsel steht, kann sich noch immer nicht von Tibet trennen. Ein letztes Mal haben sich die beiden in Gyantse getroffen. Später, schon längst in Europa, erfährt Harrer, dass Aufschnaiter ins Dorf Kyirong zurückgekehrt und von dort vor den herannahenden Chinesen in die nepalesische Hauptstadt Katmandu geflohen ist.

Die chinesische Unterwerfung Tibets

Sieben Jahre nachdem er zum ersten Mal seinen Fuss auf tibetischen Boden gesetzt hat, steht Harrer wieder an der Grenze. Vor ihm liegt Sikkim, und er steigt in die indische Ebene nach Kalimpong ab. Zum ersten Mal nach vielen Jahren ist er wieder unter Europäern und tut sich schwer, sich an ihre Lebensart zu gewöhnen. Der Gefahr entronnen, kann er sich auch lange nicht entschliessen, nach Europa weiterzureisen, weil er sich hier dem Schicksal Tibets näherfühlt.

Im Sommer 1951 kehrt der Dalai Lama nach Lhasa zurück. Bis im Herbst ist das ganze Land von chinesischen Truppen besetzt, und die Nachrichten werden immer verworrener. Die Geschichte des tibetischen Freiheitskampfes steht aber erst am Anfang.

1954 fangen die Chinesen an, ihre Gewaltherrschaft systematisch auszubauen. Sie stossen damit allerdings auf den Widerstand der Khampas in Osttibet. Geführt von Andrutshang, dem Oberhaupt einer bedeutenden Khampafamilie, beschränken sich die Widerstandskämpfer zunächst darauf, mit Steinlawinen die Nachschubwege zu blockieren, dann beginnen sie, chinesische Aussenposten anzugreifen. Ihre Gefolgschaft wächst rasch, und der Kampf dehnt sich allmählich auf die ganze Provinz Kham aus.

Im Frühjahr 1958 führt Andrutshang seine Männer in die Nähe von Lhasa; er hat inzwischen die Khelenpa gebildet, eine Truppe von ausgesuchten jungen Kämpfern mit spezieller Ausbildung; sie sind fest entschlossen, eher zu sterben, als sich den Chinesen zu unterwerfen. Ihren ersten Sieg erringen sie im Mai 1958 in Nyemo, achtzig Kilometer südlich von Lhasa, wo sich im Kloster ein Waffenversteck der Regierung befindet. Im Handstreich überwältigen sie bei Nacht die chinesische Garnison und holen sich aus dem Klosterarsenal fünfhundert neue Gewehre und grosse Mengen Munition. Beim Morgengrauen verschwinden sie wieder und hinterlassen auf dem Kampfplatz tausend getötete Chinesen. Mit den Waffen werden neue Kämpfer ausgerüstet, und während des ganzen Sommers fährt die Widerstandsbewegung fort, den chinesischen Nachschub empfindlich zu stören. Im Herbst wagt Andrutshang einen neuen Schlag; Ziel ist die Stadt Tsetang, die von den Chinesen zur befestigten Garnison ausgebaut worden ist. In der Stadt lebende Sympathisanten überwältigen in der Nacht die Wachen und öffnen die Schleusen, um die Wassergräben zu entleeren. Dann stürmt die Khelenpa die Garnison und tötet binnen weniger Stunden dreitausend Chinesen.

In der Zwischenzeit spitzt sich auch in Lhasa die Situation zu. Die Chinesen verlangen vom Dalai Lama, dass er seine Leibgarde gegen die Khampas einsetzt. Der König setzt auf Zeitgewinn und teilt den Chinesen vorerst mit, seine Soldaten seien für einen derartigen Einsatz schlecht bewaffnet. Als die Chinesen anbieten, Waffen zu liefern, drückt er erneut sein Bedauern aus: Er könne keine Gewähr übernehmen, dass seine Soldaten nicht zu den Khampas überlaufen.

Zur selben Zeit finden die traditionellen Besuche des Gottkönigs bei den drei Säulen des Staates, den Klöstern Drebung, Sera und Ganden statt. Sie dienen ausgedehnten Beratungen, die in einem Edikt münden, dass niemand mehr zum Dalai Lama vorgelassen werde, der dazu nicht eine Bewilligung des Ministerrates habe. Damit hofft man, die Chinesen vom Palast fernzuhalten und eine befürchtete Verschleppung oder Ermordung des Königs zu verhindern. Der wütende Militärgouverneur antwortet, das Edikt sei nichtig, weil der Ministerrat nicht vom Volk getragen sei. Man reagiert sehr klug und bildet als Ersatz für die von den Chinesen beim Einmarsch aufgelöste Volksvertretung eine neue Tsongdü, deren sechzig Abgeordnete allen Schichten der Bevölkerung angehören. Daraufhin teilt der Ministerrat dem Gouverneur mit, der Dalai Lama sei künftig über diese Volksvertretung zu erreichen.

Im März 1959 erreicht die Spannung ihren Höhepunkt. Beim morgendlichen Treffen mit allen Mönchsbeamten nimmt Phagpala, von Chinesen gedungen, den Dalai Lama beiseite und lädt ihn im Namen des chinesischen Generalgouverneurs und unter dem Siegel der Verschwiegenheit zu einer Theatervorstellung in die chinesische Garnison ein. Er ersucht ihn eindringlich, dieser inoffiziellen Einladung im Interesse der chinesisch-tibetischen Beziehungen Folge zu leisten. Der König nimmt mit gespielter Begeisterung an und verständigt sofort seinen ältesten Lehrer, Jongdzin Rinpoche. Dieser zieht drei Mitglieder des Ministerrates ins Vertrauen, und in einer langen Sitzung wird beschlossen, die Tsongdü einzuberufen. Diese wiederum beschliesst, eine wesentlich grössere Anzahl von Volksvertretern beizuziehen, und so kommen am 11. März nahezu tausend Adelige, Kaufleute, Mönche, Händler und Handwerker zusammen. Ihr erster Beschluss lautet, den unter völkerrechtswidrigen Umständen zustandegekommenen Vertrag mit China für null und nichtig zu erklären.

Schon am Tag zuvor hat sich vor den Mauern des Norbulingka-Palasts eine dichte Menschenmenge versammelt, die bis zum Mittag auf mehr als zehntausend Menschen angewachsen ist. An diesem Tag hätte der König zur Theatervorstellung in die Garnison kommen sollen, aber die Menge ist entschlossen, dies zu verhindern. Während der sieben Tage, in denen die Tsongdü ihre Beratungen abhält, weicht die Menge nicht von der Stelle und wächst schliesslich auf fünfzehntausend Menschen an.

Am Abend des 17. März lässt der Gouverneur zwei Granaten auf den Palast abschiessen. Sie bringen die Entscheidung: Während eines gewaltigen Sandsturms, der jede Sicht verhindert, schlüpft der Dalai Lama, als Leibeigener verkleidet, zusammen mit seiner Familie, seinen Lehrern, Ministern und einem Gefolge von achtzig Begleitern, Wachen und Dienern unerkannt durch die Menge, setzt mit einer bereitstehenden Fähre über den Fluss und reitet in das von Khampas beherrschte Gebiet. Am anderen Morgen formieren die letzten fünfhundert Mann des tibetischen Regiments die Nachhut. Sie haben sich geschworen, eher zu sterben, als einen Chinesen an den König herankommen zu lassen.

Die Menge ist mittlerweile noch immer überzeugt, dass sich der Dalai Lama im Palast befindet und weicht nicht von der Stelle. Am Morgen des 19. März fordern ihn die Chinesen auf, den Norbulingka zu verlassen. Als sie keine Antwort erhalten, beginnen sie, das Palastgelände systematisch mit Kanonen zu beschiessen, aber erst um die Mittagsstunde des 20. März wird klar, dass der König entkommen ist.

Damit beginnt der Krieg um Lhasa. Die Chinesen schiessen in die wehrlose Menge, bombardieren Häuser, Tempel und Klöster in und um Lhasa; der Widerstand der vor allem jungen Kämpfer hält sich nur zwei Tage, dann dringen die Chinesen in die von Toten übersäte Stadt ein.

Der Dalai Lama und sein Gefolge erreichen mit Unterstützung der Bevölkerung und unter dem Schutz der kämpfenden Khampas am 31. März 1959 die indische Grenze. Er ist seither nie mehr in seine Heimat zurückgekehrt.

Norbert Jansen

Grundlage dieses Textes bildete Heinrich Harrers Schilderung über seine Erlebnisse in Tibet, die unter dem Titel «Sieben Jahre in Tibet» im Ullstein-Verlag erschienen ist. Das Buch wurde in vierzig Sprachen übersetzt und erreichte bisher eine Auflage von über vier Millionen Exemplaren. Heinrich Harrer lebt heute in Mauren im Fürstentum Liechtenstein.

Heinrich Harrer

Nachdem ihm während des Zweiten Weltkriegs die Flucht aus einem englischen Internierungslager in Indien gelungen war, lebte Heinrich Harrer sieben Jahre in Tibet. Hier befindet er sich beim Eislaufen auf einem Nebenarm des Kyichhu (Fluss der Glückseligkeit) in Lhasa. Im Hintergrund erhebt sich der Chagpori (Eisenberg), auf dessen Spitze die Medizinschule der tibetischen Regierung stand.

Die westliche Treppe

Von Westen her führt die Steintreppe zum Potala, der Winterresidenz des Dalai Lama (rechts im Bild), hinauf. Gegenüber dem Potala liegt der Chagpori mit der Medizinschule. Am Fuss des Chagpori ist das westliche Tor, genannt Bagogaling, zu erkennen. Durch das Bagogaling führt der Weg in die «verbotene Stadt» hinein.

Mönch mit Trompete

Auf einer teleskopartigen Trompete bläst ein Mönch vom Dach der Medizinschule auf dem Chagpori die Mittagsstunde ein. Links neben der Trompete steht eine Schalmei auf dem Boden. Der Mönch blickt zum Potala hin, der nicht nur Winterpalast des Dalai Lama, sondern auch geistliche Festung Lhasas war. Erbaut wurde der Potala vor mehr als dreihundert Jahren vom 5. Dalai Lama. Der riesige Palast ist an die 150 Meter hoch, und in ihm befinden sich 1000 Räume.

Potala

Eine seltene Ansicht des Potalapalastes von der Nordseite her, mit dem Schlangensee, an dem die Erdgeister, Lu genannt, verehrt werden.

Potala

Der Blick auf den Potala von Osten her. In der Ebene pflügen Bauern ihre Felder mit einem Holzpflug, der von einem Yakgespann gezogen wird. Der Yak ist das Universaltier Tibets, ein langhaariger, genügsamer und zäher Ochse. Er ist nicht nur Zug-, Reit- und Lasttier, sondern liefert auch Fleisch, Leder, Wolle, Brennstoff in Form von getrocknetem Mist und, durch Aderlass, Blut für Blutwurst. Das Yak-Weibchen gibt Milch, die zu Käse und Butter weiterverarbeitet wird.

Grabmal des 13. Dalai Lama

Auf dem Dach des Potala steht das Grabmal des 13. Dalai Lama, eine vergoldete *Stupa,* zu deren Vergoldung 30 000 Unzen Gold verarbeitet wurden. Das Grabmal reicht vier Stockwerke nach unten in den Hauptbau hinein.

Das Dorf Shö

Am Fuss des Potala liegt das Dorf Shö mit der Staatsdruckerei und dem Gefängnis. Am Dorfrand, an der Strasse nach Lhasa, stehen zwei Pagoden. Gegenüber der einen Pagode erkennt man den Doring, eine Stele aus dem 7. Jahrhundert. Eingraviert im Doring steht, dass die Chinesen nach einem Sieg der Tibeter verpflichtet waren, jährlich 50 000 Ballen Seide als Tribut nach Lhasa zu schicken.

Das westliche Tor

Durch das Bagogaling, das westliche Tor, eingelassen in die Felsmauer zwischen Potala und Chagpori, führt die Strasse in die Stadt Lhasa hinein. Gekrönt wird das Bagogaling von einer *Stupa,* einem stufenförmigen Turm.

Die östliche Treppe

Von der östlichen Steintreppe zum Potala hinauf schweift der Blick über Yabshi Sarpa, das Haus der Eltern des Dalai Lama, das in Parkanlagen eingebettet liegt, bis zu der Stadt Lhasa im Hintergrund.

Yabshi Sarpa

Nachdem ihr Sohn als 14. Dalai Lama erkannt worden und nach Lhasa gebracht worden war, verliessen auch die Eltern die heimatliche Provinz Tsinghai, um in der Nähe ihres Sohnes zu leben. Das Haus Yabshi Sarpa wurde ihr neues Heim.

Der Berg Mindrutsari

Der Blick von Heinrich Harrers Hausdach Richtung Mindrutsari (6000 m), der rechts im Bild von Wolken verdeckt wird. Links davon der Berg Pungpari, auf dessen Spitze fromme Pilger täglich Weihrauchfeuer entzündeten und Gebetsfahnen befestigten.

Beim Badmintonspiel

Bürger von Lhasa spielen Badminton. Nebst Badminton und Eislaufen führte Heinrich Harrer in Lhasa auch die Sportarten Tennis und Schwimmen ein.

Sho, das Nationalwürfelspiel

Drei tibetische Ministerialräte vergnügen sich mit einem Beamten der britischen Handelsmission, einem Sikkimesen (rechts im Bild), beim beliebten Würfelspiel, *Sho*. Die typische Haartracht der Regierungsbeamten ist der doppelte Haarknoten, geschmückt mit einer Silberspange.

Ngari Rinpoche

Der jüngste Bruder des Dalai Lama, Ngari Rinpoche, wird von seinem Diener auf dem Arm getragen. Auch er wurde im Alter von drei Jahren als Inkarnation eines Buddhas erkannt. «Rinpoche» ist die Anredeform für alle inkarnierten Lamas.

Vor der Ankunft des Dalai Lama

Die beiden Lehrer des Dalai Lama, Ling Rinpoche (zweiter von rechts) und Trichang Rinpoche (dritter von rechts), erwarten den Dalai Lama zusammen mit Tagtsel Rinpoche, dem älteren Bruder seiner Heiligkeit. Tagtsel Rinpoche war lange vor der Entdeckung des Dalai Lama ebenfalls als Inkarnation eines Buddhas erkannt worden und bekleidete die Würden des Lamas im Kloster Tagtsel.

Yaso-Zeremonie

Die *Yaso*-Zeremonie besteht aus der Aufführung traditioneller Kriegsspiele, zu denen die Krieger in alten Uniformen und Rüstungen antreten. Links im Hintergrund haben sich die Zuschauer versammelt.

Tsarong Junior

Begleitet von seinen Dienern, tritt der Sohn des Ministers Tsarong Sawang Chenpo (sitzend) bei einer *Yaso*-Zeremonie auf. Sein Festgewand ist aus kostbarem russischem Brokat geschneidert. Auf dem Kopf trägt er einen mit Blaufuchs verbrämten tellerförmigen Hut. Die Fuchsfelle wurden aus Hamburg importiert, da die Tibeter die Felle der eigenen Füchse nicht schön genug fanden.

Der Minister Tsarong Sawang Chenpo

Der berühmte Minister Tsarong, der schon während der Regierungsperiode des 13. Dalai Lama ein hohes Staatsamt bekleidet hatte, fotografiert seinen Sohn an der *Yaso*-Zeremonie. Das Fotografieren war im damaligen Tibet durchaus noch nicht üblich und auch nicht ohne weiteres erlaubt. Ein anderer Aristokrat wurde wegen der «unwürdigen Haltung», die er beim Fotografieren einnahm, angezeigt und degradiert.

Tibetische Festtrachten

Die Frau des Ministers Ragashar, Ragashar Lhacham Kusho, trägt die Tracht der Provinz Tsang mit ihrem typischen Bogenkopfschmuck. Ihre Schwiegertochter zeigt sich in der Tracht Lhasas. Beide Trachten sind reich geschmückt mit Türkisen, Korallen, Perlen und Bernstein. Der tibetische Staat erliess sehr genaue Vorschriften über den bei Festen und sonstigen Gelegenheiten zu tragenden Schmuck der Frauen. Hatte der Mann einen bestimmten Rang erreicht, war er verpflichtet, seiner Frau – oder seinen Frauen, denn gerade in den vornehmeren Kreisen Tibets war die Polygamie nicht selten – den standesgemässen Schmuck zu kaufen.

Der nepalesische Botschafter

Der Botschafter Nepals in Lhasa hält mit seinem Stellvertreter (rechts) hof. Hinter ihm steht seine *Gurkha*-Leibwache.

Schiessübung

Unter der Aufsicht des Generals Surkhang Depön üben sich Adelige im Schiessen. Während Ragashar Sey (liegend) seine Übungen absolviert, schaut ihm ein Freund Harrers, Sholkhang Tsedrung (im weissen Hemd), zu.

Peter Aufschnaiter

Peter Aufschnaiter, ein Tiroler Landwirtschaftsingenieur, lebte mit Heinrich Harrer sieben Jahre in Tibet. Im Bild bedient er einen sechzig Jahre alten Theodoliten, ein Vermessungsinstrument. Zusammen mit Harrer zeichnete Aufschnaiter den ersten Stadtplan von Lhasa und legte Bewässerungskanäle für die Felder an.

Zeltstadt

Zur Ankunft des Dalai Lama wurde ausserhalb von Lhasa ein grosses Zeltlager errichtet. Die weissen, mit Ornamenten verzierten Baumwollzelte waren die Wohnzelte, während in den schweren schwarzen Yakhaarzelten gekocht wurde.

Am Ufer des Kyichhu

Heinrich Harrer (zweiter von rechts) nimmt mit einer Gruppe Adeliger am Ufer des Kyichhu (Fluss der Glückseligkeit) in Lhasa Abschied von einem Freund.

Brief

Zwei junge Adelige lesen einen *Dayig,* einen sogenannten Pfeilbrief, der zur Übermittlung wichtiger Regierungsbotschaften diente. Solche Briefe wurden von Läufern befördert, die in Staffeln je sechseinhalb Kilometer zurücklegten. Auf allen Verkehrshauptstrecken gab es kleine Häuser, in denen eine Ablösung bereitstand. Die tibetische Schrift sieht der Hindischrift ähnlich, da viele Schriftzeichen aus einer der tausendjährigen indischen Schriften abgeleitet sind.

Schule

Der Unterricht findet im Freien statt. Die Schüler schreiben mit Bambusfedern und verdünnter Tinte auf Holztafeln. Es handelt sich hier um eine Privatschule. Die offiziellen Schulen waren den Mönchen vorbehalten. Die Kinder blieben den ganzen Tag unter der Aufsicht der Lehrer.

Die Urgrossmutter Phala

Phala, die Mutter des obersten Kämmerers des Dalai Lama, mit ihren acht Urenkeln. Als Nonne trägt sie ihren Kopf geschoren und schützt sich deshalb mit einem gefalteten Tuch gegen die Sonne.

Drigung Rinpoche

Der dreijährige Sohn Tsarong juniors wurde als Wiedergeburt des Gründers der *Drigung*-Sekte erkannt und war somit eine der höchsten Inkarnationen Tibets. Hier verlässt er sein Elternhaus, um im Kloster Drigung erzogen zu werden. Er trägt den vergoldeten Papiermaché-Hut, das Zeichen der inkarnierten Lamas. Als die Chinesen Tibet 1959 besetzten, wurde das Kloster Drigung geschlossen, die Mönche vertrieben, und Drigung Rinpoche kam in eine chinesische Schule. Nach Abschluss der Schule musste er als Landarbeiter arbeiten, bis ihm die Flucht nach Nepal gelang. Von dort folgte er 1975 seinen Eltern, die inzwischen nach Amerika ausgewandert waren. Drei Jahre später kehrte er nach Ladakh zurück, wo er wieder Mönch wurde.

Der Vater des Rinpoche

Bei seinem Auszug aus dem Elternhaus wird der kleine Rinpoche von seinem Vater, Tsarong junior, begleitet. Er trägt eine *kata* (Glücksschleife) um den Hals. Bei jedem Besuch, bei jeder Bitte an einen Höherstehenden und zu den grossen Festen wurden die weissen Glücksschleifen überreicht. Es gab sie in verschiedenen Ausführungen, und ihre Qualität hing vom Rang des Gebers ab.

Die Mutter des Rinpoche

Auch die Mutter, Tsarong Yangchen Gesang, begleitet ihren Sohn auf dem langen Weg zum 160 Kilometer entfernten Kloster. Auf dem Kopf trägt sie einen Sonnenschutz aus Brokat. Gegen den Staub schützt sie sich mit einem Tuch, das Mund und Nase bedeckt. Um den Hals trägt auch sie eine Glücksschleife.

Festessen

Für die Beamten der ausländischen Handelsmissionen gibt die Regierung in Lhasa ein Festessen. Links am Tisch sitzt der Mönchsaussenminister an der Seite von Rampa Sawang Chenpo, des vorsitzenden Kabinettsministers (mit Glatze). Gegessen wird zur Feier des Tages mit Stäbchen und nicht mit den Händen, wie es sonst üblich war.

Festessen

Die Tische der Beamten fünften Ranges, zu denen auch Heinrich Harrer gehörte. Alle Beamten Tibets sind in sieben Ränge eingeteilt. Den ersten und höchsten Rang nimmt der Dalai Lama ein.

Teeverkäuferin

Der Tee, aus Indien oder China importiert, wird in Ziegeln oder zu Kugeln geformt verkauft. Tee ist das wichtigste Getränk in Tibet. Ihm wird während des Kochens viel Salz und etwas Soda beigefügt. Anschliessend wird dieses Gebräu abgesiebt und kommt in einen Behälter, wo es mit Butter vermischt wird. Meist ist die Butter ranzig, da sie monate-, oft jahrelang in Yakhäuten aufbewahrt wird.

Der Fleischmarkt

Auf dem Fleischmarkt werden ganze Schafe, abgezogen und luftgetrocknet, zum Kauf angeboten. Auch die Felle der geschlachteten Tiere (Bildmitte) sind erhältlich. Verkauft werden auch die Innereien (ganz vorne im Bild).

Der Strohmarkt

Der Strohmarkt in Lhasa wird vor dem Eingang zum alten chinesisch-mohammedanischen Tempel abgehalten. Das Stroh wird zu lockeren Ballen gebunden verkauft.

Munitionsverkauf

Auf einem Tuch am Boden ausgebreitet werden Gewehrpatronen verkauft. Obwohl die Mauserpistole die am meisten verbreitete Schusswaffe im damaligen Tibet war, konnte man Munition für jegliche Art von Feuerwaffen kaufen. Diese Waffen dienten in erster Linie dem persönlichen Schutz des Trägers. Das Jagen war verboten, da das Töten von Lebewesen gegen die Religionsvorschriften des Buddhismus verstösst. Waffenscheine gab es nicht, und so hatte jeder Bürger die Möglichkeit, eine Waffe zu tragen. Neben dem Munitionsstand werden gedrechselte Butterschalen angeboten.

Indische Händler

Vor dem Aussenamt der tibetischen Regierung (rechts) verkaufen indische Händler Töpfe und Krüge aus Aluminium, eine Neuheit für die Tibeter, welche nur mit Zinn ausgeschlagene Kupfergeräte kannten.

Buchhändler

Auf dem Parkhor, der Ringstrasse Lhasas, verkauft ein Buchhändler Bücher und Gebetsfahnen. Die Bücher waren alle religiösen Inhalts. Der Buchverkäufer war zugleich auch der Drucker.

Steuer

In Ledersäcken eingenäht, wurden die Steuern in Form von Naturalien (Butter, Gerste u.a.) der Regierung abgeliefert. Die Schriftzeichen auf den Säcken bedeuten *Shung,* was übersetzt Regierung heisst. Links im Bild die Träger.

Stoffhändler

Vor seinem Ladeneingang hat ein nepalesischer Stoffhändler Wollstoffrollen aufgestapelt. Der Stoff wird, am Boden sitzend, in Bahnen um den Körper herum gewoben; diese sind sehr schmal (etwa 20 cm) und müssen beim Nähen der Kleider zusammengesetzt werden.

Teeköche

Die Aufgabe der Teeköche bestand in der Versorgung der zirka 20 000 Mönche, die sich zu den drei Wochen dauernden Neujahrsfestlichkeiten in Lhasa versammelten. Sie bereiteten den Buttertee zu und schenkten ihn aus ihren Kupferkesseln aus.

Bogenweitschiessen

Während des Neujahrsfestes wurden in Lhasa Wettkämpfe im Bogenweitschiessen ausgetragen. Die Pfeile der Sieger flogen bis zu 200 Meter weit.

Neujahrsfest

Gelehrte Mönche, *Gelong Nyima Ringpo* genannt, während einer Zeremonie des Neujahrsfestes. Sie tragen gelbseidene Umhänge und den gelben *Tagdroma,* einen kammähnlichen Hut. Gelb ist die Farbe der reformierten lamaistischen Kirche, auch die gelbe Kirche genannt.

Opferzeremonie

Während der Neujahrsfeierlichkeiten bringen Mönche vor dem zentralen Tempel in Lhasa, dem Tsuglagkhang, ein Opfer dar. Im Hintergrund stehen die Trommler.

Mönchspolizei

Die weltliche Regierung zog sich während der drei Wochen des Neujahrsfestes zurück und überliess ihre Macht den Mönchen. Die *She-ngos* (Mönchspolizisten), erkennbar an ihrem Würdezeichen, dem Metallzepter, hatten in dieser Zeit für Ruhe und Ordnung zu sorgen. Jeder Mönchspolizist wurde von einem *Geyo* (Diener) begleitet. Dieser war mit einem Holzstock bewaffnet.

Zelt der Regierungsbeamten

Der höchste Kabinettsminister, der Mönch Rampa Sawang Chenpo (vorne im Bild, mit Glatze), nimmt als Zuschauer an der Neujahrsfeier teil. Neben und hinter ihm die Sekretäre in Pelzhüten. Die niedrigen Adeligen im Hintergrund tragen weisse Hauben. Auf den Tischen stehen *Tsampa*-Schalen. *Tsampa* ist geröstetes Gerstenmehl, welches, mit Tee vermischt, die Hauptnahrung der Tibeter ist.

Zelt der Regierungsbeamten von hinten

Aufmarsch der Zeremonientänzer

Von je einem Schirmträger gefolgt, treten die Zeremonientänzer zum Fest an.

Der grösste Thangka der Welt

Am Neujahrsfest wird ein riesiger *Thangka* (religiöses Rollbild), der 40×60 Meter misst, für nur wenige Stunden an der Mauer des Potala aufgehängt. Die auf das Tuch aufgenähten Figuren sind aus verschiedenfarbigen Seiden- und Brokatstoffen.

Der grösste Thangka der Welt

Der *Thangka* vom Fuss des Potala gesehen, wo eine Darbietung der Maskentänzer stattfindet. Die Trommeltänzer im Hintergrund tragen ihre Instrumente auf dem Rücken festgeschnallt.

Maskentänzer

Tage- und nächtelang werden zum Neujahrsfest in Lhasa zeremonielle Tänze aufgeführt. Die Masken der Tänzer sind aus Holz geschnitzt oder aus Papiermaché.

Warten auf das Staatsorakel

Vor dem Tsuglagkhang, dem Zentraltempel Lhasas aus dem siebten Jahrhundert, wartet die Menge auf das Erscheinen des Staatsorakels, welches vor grossen Entscheidungen von der Regierung befragt wurde. Die Befragung des Orakels, das im Trancezustand seine Weissagungen verkündete, stammt aus der vorbuddhistischen Zeit und wurde fast unverändert übernommen.

Geisterpyramide

Anlässlich des Neujahrsfestes wird eine Geisterpyramide, in die man Dämonen hineinbannte, zum Verbrennen getragen.

Mönche

Die versammelten Mönche am Neujahrsfest vor dem Tsuglagkhang.

Vor dem Tsuglagkhang

Vor dem Tsuglagkhang liegen glattgescheuerte Steinplatten, die viele Vertiefungen aufweisen. Seit tausend Jahren werfen sich die Gläubigen hier auf ihr Angesicht, um den Göttern ihre Verehrung zu erweisen.

Norbulingka

Im Park Norbulingka (Juwelengarten), umgeben von Gärten, lag die Sommerresidenz des Dalai Lama. Sie wurde beim Angriff der Chinesen 1959 zerstört.

Im Zoo

Der oberste Kämmerer des Dalai Lama, Phala Drönyer Chemo (ganz links stehend) , begleitet von weltlichen Ministern, bei einem Zoobesuch. Der Dalai Lama unterhielt in Norbulingka einen kleinen Zoo, wo es ausser kleinen Tieren auch Bären und Schneeleoparden gab.

Umzug vom Sommerpalast zur Winterresidenz

Von Norbulingka, wo sich der Dalai Lama den Sommer über aufhielt, zieht er mit seinem Gefolge in einer kilometerlangen Prozession zum Potala, seiner Winterresidenz. Während Tausende von frommen Tibetern die Strasse säumen, begleiten sämtliche Beamte und Diener ihren Herrn mit Hab und Gut. Der erste Schirm in der Prozession gehört seiner Heiligkeit, dem Dalai Lama. Er ist aus Pfauenfedern gefertigt. Unter dem zweiten Schirm folgt der Regent.

Die Sänfte des Dalai Lama

Die Sänfte des Dalai Lama wird symbolisch von sechsunddreissig Männern getragen. Auf dem Bild zu erkennen sind drei der Träger.

Die Lamas

Direkt hinter der Sänfte des Dalai Lama reiten in kostbaren Brokatumhängen die inkarnierten Lamas. Sie tragen die ihnen allein vorbehaltenen Hüte aus vergoldetem Papiermaché. Rechts oben sieht man die Ostflanke des Potala.

Die Diener

Auf Maultieren reitend, führen die Diener des Dalai Lama die Prozession an. Sie tragen rote, mit Baumwollfransen versehene Hüte.

Am Tsangpo

Eine Gruppe Reisender wartet am Fluss Tsangpo (Brahmaputra) mit Maultieren und Gepäck auf die Fähre zum Übersetzen. Die mit Luftlöchern versehene Kiste ist zum Transport der Lhasa Apso (Hunde der Tibeter) vorgesehen.

Die Fähre über den Tsangpo

Gepäck und Pferde sowie auch Esel und Schafe werden auf der grossen Holzfähre über den Fluss gesetzt, während Reisende in Yakhautbooten hinübergerudert werden (links im Bild). Damit die Fähre von der starken Strömung nicht zu weit abgetrieben wird, ist sie an einem Seil festgemacht.

Yakhautboot auf dem Tsangpo

Die Reisenden werden im Yakhautboot über den Fluss gerudert. Der Beruf der Bootsleute ist eine niedere Tätigkeit, da sie, wie die Ledergerber, mit der Haut von Tieren zu tun haben und somit gegen die Lehre Buddhas verstossen.

Die Fähre über den Tsangpo

Der Steuermann manövriert die schwerbeladene Holzfähre mit Hilfe eines primitiven Steuerruders an das gegenüberliegende Ufer.

Die Fähre über den Tsangpo

Die Fährleute rudern das schwerfällige Holzboot. Am Bug ist ein Pferdekopf aus Holz und Stoff angebracht. Er dient als Schutz vor Unfällen und soll böse Geister abhalten. Das Pferd ist dem Tibeter heilig.

Mönchsbeamter mit Yakhautboot

Das Schultern der über hundert Kilo schweren Yakhautboote gehörte zu den Sportarten in Tibet. Dieser hohe Mönchsbeamte versucht, das Boot mit Hilfe eines Ruders hochzustemmen. Auf diese Weise tragen die Berufsbootsleute ihre Boote über die Pässe, wenn die Flüsse streckenweise nicht befahrbar sind. Das Hab und Gut der Bootsleute wird dann von Schafen getragen.

Mönch mit Novizen

Ein Mönchsbeamter fünften Ranges treibt seine Spässe mit zwei Novizen auf dem Dach des Klosters Drebung.

Kloster Nechung

Unterhalb des Klosters Drebung befindet sich das Kloster Nechung, in welchem das Staatsorakel lebte. Im Vordergrund eine Stele, die von zwei Weihrauchgefässen flankiert wird.

Kloster Sera

Nur drei Kilometer von Lhasa entfernt liegt in nördlicher Richtung das zweitgrösste Kloster Tibets, das Kloster Sera. Im Vordergrund erhebt sich auf dem Dach des Klosters eine goldene Säule, ein Glückssymbol. Im Hintergrund erkennt man den Potala.

Kloster Samye

Im Tal des Tsangpo (Brahmaputra) liegt das Kloster Samye, das älteste Kloster Tibets. Es wurde im 8. Jahrhundert unter dem König Trisong Detsen erbaut. Auf dem Hügel befindet sich eine Opferstätte (rechts im Bild). Im Vordergrund Gebetsfahnen.

Das tibetische Hochland

Auf dieser Hochebene plante Heinrich Harrer den Bau einer Rollbahn, um den Dalai Lama vor den Chinesen ins Ausland retten zu können.

Heinrich Harrer

Heinrich Harrer, die Leica umgehängt, besucht eine Mühle, die etwas ausserhalb von Lhasa liegt. Links im Bild der Müller und sein Gehilfe.

Spinnen

In ein Gespräch mit seinem Feudalherrn vertieft, spinnt der Müller Yakhaare zu Wolle, welche zum Weben der Zelte bestimmt ist.

Landarbeiter

Ein Trupp Feldarbeiter zwischen Jangtse und Shigatse, wo die grossen Felder Tibets liegen.

Bettelmönch

Mit Speer und Stock bewaffnet, wandert der Bettelmönch von Dorf zu Dorf. Schellen, Tierschwänze, Vogelschnäbel und andere Zauberamulette zieren seinen Speer. Über den Schultern und um den Hals trägt er aus Menschenknochen geschnitzte Rosenkränze sowie einen *Tsampa*-Sack, in dem er die erbettelte Gerste aufhebt. Auf dem Kopf hat er eine Mütze aus Bärenfell, die mit einem *Dorje* (Donnerkeil) geschmückt ist. Der Donnerkeil dient zur Anrufung der Götter.

Heilige Stätte

Im 8. Jahrhundert lebte hier der indische Heilige Padmasambhava in einer Höhle. Er war an der Verbreitung des Buddhismus in Tibet massgeblich beteiligt.

Einsiedeleien

Tibetische Mönche zogen sich zur Meditation oft in Felsenhöhlen zurück. Diese wurden bis auf eine kleine Öffnung, durch die Nahrung hindurchgereicht werden konnte, zugemauert. Je nach Art der Klausur blieben die Mönche manchmal während Jahren in vollkommener Dunkelheit in ihren Zellen eingemauert. War die Zeit der Meditation vorbei, wurden zuerst kleine Löcher in die Mauer geschlagen, um die Augen des Einsiedlers wieder ans Licht zu gewöhnen, bevor er seine Höhle verliess. Blieb aber die Nahrung eine Woche lang unberührt, musste mit dem Tod des Büssers gerechnet werden, und der Eingang wurde aufgebrochen.

Shigatse

Auf seinem Pony reitet ein Tibeter über die Ebene vor Shigatse. Rechts im Hintergrund ist die Stadt mit der Festung Shigatse zu erkennen. Links im Bild lehnt sich das Kloster des Pantschen-Lama, Tashilhünpo, an den Berghang. Der Pantschen-Lama ist nach dem Dalai Lama die höchste Inkarnation Tibets.

Shigatse

Über Shigatse, der Hauptstadt der Provinz Tsang, erhebt sich die Festung Shigatse. Unten vor der Stadt pilgern die Menschen zu den *Mani*-Mauern (Gebetsmauern). Diese Mauerstreifen sind über ganz Tibet verstreut. Oft sind Gebetsmühlen in die *Mani*-Mauern eingebaut. Schiefertafeln und Steine mit frommen Inschriften bedecken sie. Wenn man unterwegs auf eine solche Mauer trifft, muss man sie, den religiösen Vorschriften gehorchend, rechts von sich liegen lassen.

Shigatse

Maultiere transportieren Haubitzen an die Front. Der Krieg mit China, welcher von der Festung nur eine Mauer übriglassen wird, steht bevor.

Shigatse

Auf der Strasse vor der Festung findet der Markt statt. Ein Händler hat sich unter ein einfaches Sonnensegel zurückgezogen.

Tashilhünpo

Das Kloster Tashilhünpo, von Westen her betrachtet. Am Hang steht in eindrücklicher Grösse die *Thangka*-Mauer, an der, wie am Potala in Lhasa, zu Neujahr ein grosser *Thangka* aufgehängt wird.

Tashilhünpo

Im Zentrum der Klosteranlage von Tashilhünpo steht dieser Tempel, in dem sich eine neun Stockwerke hohe Buddhastatue befindet. Auf dem terrassenartigen Vorbau ist das Symbol der buddhistischen Lehre, das Rad mit den zwei Gazellen, zu sehen. Auf dem Dach des Klosters steht ein *Genjira,* wie er auf jedem tibetischen Klosterdach zu finden ist. Neben dem *Genjira* sind Drachen und Kriegerfiguren als Dachreiter angebracht.

Tashilhünpo

Das neun Stockwerke hohe Riesenstandbild des Gottes Jampa Lhakhang im Tempel des Klosters Tashilhünpo. Die Riesenstatue ist von Kopf bis Fuss vergoldet.

Tashilhünpo

Blick von Osten auf das Kloster Tashilhünpo.

Zuschauer

In der Provinz Tsang, der reichsten Provinz Tibets, werden zu Ehren eines hohen Besuches Volkstänze aufgeführt. Um eine bessere Sicht auf das Geschehen zu haben, ist eine Gruppe Schaulustiger auf ein Dach geklettert.

Volkstanz

Männer tanzen zum Rhythmus einer Trommel, welche ein Knabe schlägt.

Volkstanz

Der Auftritt der Frauen von Tsang mit dem für die Provinz typischen Kopfschmuck.

Volkstanz

Tanzende Männer mit Trommelspieler.

Begleitmusik

Die beiden Musikanten begleiten die Tänzer auf der Trommel und der Oboe. Tracht und Brauch sind aus dem Mittelalter meist unverändert übernommen.

Chörten

Der grosse *Chörten* von Gyantse in Südtibet, der im 15. Jahrhundert erbaut wurde. Er ist fünf Stockwerke hoch und aus Granit gebaut. Auf den einzelnen Stufen befinden sich Kapellen. Überall im Bereich der buddhistischen Religion sind *Chörten* zu finden. Der *Chörten* ist ein Bauwerk höchsten Symbolgehalts. Er symbolisiert den Weltenberg, der ebenfalls aus mehreren Stufen besteht, und ist auch Zeichen für die fünf Buddhas.

Gyantse

Die zwei Gouverneure von Gyantse und ihr Diener blicken von der Festung auf die damals noch unzerstörte Stadt Gyantse hinunter. Die hohe Mauer im Hintergrund umrahmt die sechzehn Klöster, welche alle Schulen der tibetischen Religion vereinten. Auch der grosse *Chörten* ist zu erkennen.

Die Gouverneure von Gyantse

Der geistliche Gouverneur (links) und der weltliche Gouverneur, Dzongpön genannt, walten in Gyantse ihres Amtes.

Die tibetische Armee

Als die Bedrohung des Landes durch die Chinesen übermächtig wurde, rekrutierte die tibetische Regierung 10 000 Soldaten, um eine neue, modern ausgerüstete Armee aufzustellen. Ein Teil dieses Heeres, Gewehre geschultert, wird hier von zwei Generälen angeführt. Beide tragen eine Glücksschleife um den Hals.

Das Regiment des Dalai Lama

Auf der vom Regen aufgeweichten Strasse marschiert das Kusung, das Regiment des Dalai Lama, aus Lhasa hinaus. Links im Hintergrund der Potala.

Flucht

Im Dezember 1959 flüchtete der Dalai Lama vor den Chinesen. Vierzig Adelige bildeten das Geleit des jungen Herrschers, und zweihundert Soldaten mit modernen Maschinengewehren beschützten ihn. Ein Heer von Dienern und Köchen folgte den Soldaten. Anschliessend kam der lange Zug der 1500 beladenen Tragtiere. Mitten in der Kolonne wehten zwei Fahnen, die Nationalfahne Tibets (links im Bild) und das persönliche Banner des Dalai Lama (rechts). Sie zeigten die Gegenwart des Herrschers an.

Flucht

Die Prozession des Dalai Lama nähert sich der Festung Gyantse. Um die bösen Geister von der Strasse fernzuhalten, wurden auf einer gekalkten Linie dem Strassenrand entlang weisse Steine aufgereiht. In der Menschenmenge, die sich zur Ankunft des Dalai Lama versammelt hat, sind deutlich die Frauen der Provinz Tsang zu erkennen.

Flucht

Die Leibgarde des Dalai Lama bewacht eine Lehmhütte, in der seine Heiligkeit Nachtquartier bezogen hat. Die Mönche auf dem Dach der Behausung bannen die Geister mit Trompete und Schalmei.

Flucht

Die Rückendeckung des fliehenden Dalai Lama oblag den *Khampas,* besonders mutigen Kämpfern aus der Provinz Kham in Osttibet. Bis auf die Zähne mit Pistolen, Gewehren und Schwertern bewaffnet, verteidigten sie ihren Herrscher. Die Vorderlader waren mit einer Gabel aus Antilopenhörnern ausgerüstet, die zum Aufsetzen der Gewehre diente.

Flucht

Auf einem Schimmel reitend, überquert der Dalai Lama den 5060 Meter hohen Karo-Pass, auf dem Hauptkamm des Himalaja.

Flucht

Nachrichtenübermittlung per Feldtelefon.

Flucht

Der Dalai Lama legte den grössten Teil der Flucht in seiner von Dienern getragenen Sänfte zurück.

Flucht

Im Chumbi-Tal, an der Grenze zu Sikkim, begrüsst eine Ehrendelegation der indischen Armee den Dalai Lama und sein Gefolge.

Kloster Dungkar Gompa

Im Kloster Dungkar Gompa im Chumbi-Tal fand die Flucht des Dalai Lama ein vorläufiges Ende. Hier lebte er in Sicherheit, während die Verhandlungen in Peking stattfanden. Wegen der hohen Niederschlagsmengen sind die Dächer der Häuser im Chumbi-Tal mit Holzschindeln oder Schieferplatten gedeckt. Auf dem Dach des Klosters beschweren Steine die Holzschindeln.

Im Chumbi-Tal

Unter einem Seidenschirm wird eine 2500 Jahre alte Reliquie Gautama Buddhas zum Kloster Dungkar Gompa getragen. Das klösterliche Empfangskomitee erwartet die Reliquie und ihre Begleiter mit Trommelmusik.

Im Chumbi-Tal

Mönche der *Nyingmapa*-Schule huldigen der Reliquie mit einer Empfangsmusik.

Der Reliquienschrein

Die Reliquie Buddhas wird über die Stufen zum Tempel hinaufgetragen. Schon die Berührung mit dem Schrein bringt Segen.

Die Reliquie

Umgeben von seinen höchsten Beamten und den Beamten der indischen Mission, empfängt der Dalai Lama die goldene Urne, welche die Reliquie, einen Knochensplitter Buddhas, enthält. Die Urne ruht auf einer Glücksschleife. Dies ist das letzte Bild des Dalai Lama im freien Tibet.